by 곰믹스프로

동영상편집 스타되기

교재개발팀 지음

MARINEBOOKS

이 책의 목차

우짱
심심한 것을
못 참는 행동파!

엄어나
공부 잘 하고 인기 많은
모두의 밉상 ^^

왕구리
먹는 것 외에
모든 게 귀찮은 생명체

PART 3
"도전!"
테마에 맞추어
동영상 편집

곰믹스 쿠폰 등록 방법

1️⃣ 컴퓨터에 설치된 '곰믹스 프로'를 실행한 후 **[로그인]**을 클릭합니다.

2️⃣ 로그인 창이 나오면 **[곰랩 회원 가입]**을 클릭합니다.

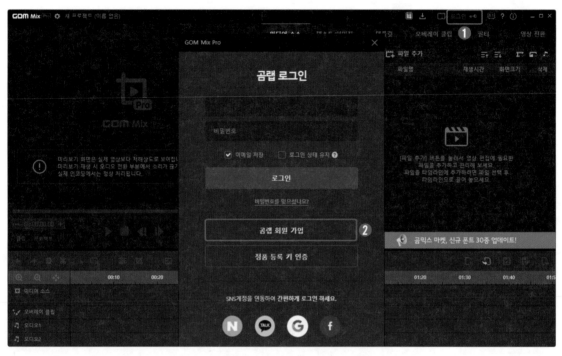

🔔 SNS 계정을 이용하면 간편하게 로그인을 연동할 수 있습니다.

3️⃣ 곰랩의 회원가입 창이 열리면 **'본인의 이메일 주소'**, **'곰랩에 사용할 비밀번호'**, **'닉네임'**을 입력합니다.

4️⃣ 연령 체크 부분에서 **'만 14세 이상'** 또는 **'만 14세 미만'**을 선택한 후 **[회원가입하기]**를 클릭합니다.

곰랩 로그인에 필요한 이메일과 비밀번호를 적어보세요.
(비밀번호는 다른 사람이 확인하지 못하도록 주의하세요.)

· 이메일 :

· 비밀번호 :

🔔 만 14세 미만도 부모님 동의 없이 바로 회원 가입이 가능합니다.(본인 이메일 인증은 필수)

5 회원 가입시 등록한 이메일로 본인 인증 이메일이 수신되면 내용을 확인한 후 [이메일 인증하기]를 클릭합니다.

6 회원가입이 완료되면 곰믹스 프로에서 '**이메일**'과 '**비밀번호**'를 입력하여 로그인합니다. 로그인이 완료되면 '**쿠폰 등록**'을 클릭합니다.

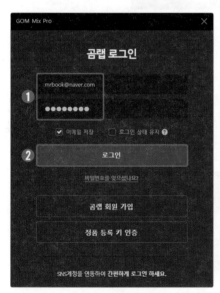 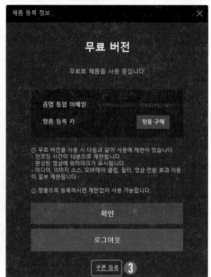

🔔 화면 상단에 '쿠폰 등록(▣)'을 클릭하여 쿠폰 번호를 등록할 수도 있습니다.

곰믹스 쿠폰 등록 방법

7 쿠폰 번호 입력 창이 나오면 교재 맨 마지막 페이지에 포함된 쿠폰에서 번호를 확인하여 입력한 후 **[쿠폰 등록하기]**를 클릭합니다.

8 쿠폰이 등록되면 "쿠폰 등록일"과 "사용 기한"을 확인한 후 [확인]을 클릭합니다. 쿠폰 사용 기한은 등록일을 기준으로 3개월(90일)입니다.

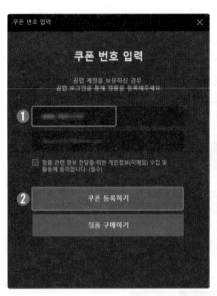 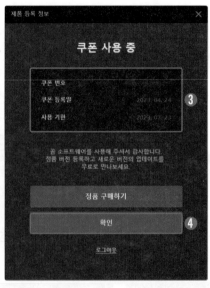

▷ 쿠폰 등록 주의 사항

교재 뒤쪽에 포함된 쿠폰은 이메일 한 개당 1개의 쿠폰 번호만 등록할 수 있기 때문에 동일한 이메일로 여러 개의 쿠폰을 등록할 수 없습니다. 또한 한번 등록한 쿠폰 번호는 취소할 수 없기 때문에 재발급이 불가능합니다.

GOM Mix Pro
90일 이용권!

GOM Mix Pro
곰믹스 프로
쿠폰번호

쿠폰 사용 유의사항
- 쿠폰 등록일로부터 90일 동안 프로그램 사용가능
- 이메일 계정 하나당 1개의 쿠폰 번호만 등록 가능
- 쿠폰번호의 스크래치 파손 시 도서 교환/반품 불가
- 본 쿠폰은 마케팅 제휴용으로 재판매/환불 등은 불가
- 쿠폰 사용 관련 문의 : www.gomlab.com/support

동영상 플랫폼을 비교해 보자!

유명 유튜버가 꿈인 우짱은 재미있는 영상을 촬영해 친구들에게 보여주고 학교에서 유명한 학생이 되고 싶었어요. 먼저, 유튜브와 같은 서비스 플랫폼에는 어떤 것들이 있는지 알아보도록 해요.

이번에 배울 내용

▸ 동영상 서비스 플랫폼에는 어떤 것들이 있는지 알아봅니다.
▸ 유튜브 이용 방법을 알아봅니다.
▸ 유튜브를 이용하여 원하는 영상을 검색할 수 있습니다.

1 동영상 서비스 플랫폼에는 어떤 것들이 있을까요?

인터넷 개인방송과 관련된 직업이 각광받기 시작하면서 동영상 편집에 많은 관심이 쏠리기 시작했어요. 우리가 흔히 접하고 있는 '유튜브' 외에도 동영상 서비스 플랫폼은 다양하게 존재하고 있답니다. 어떤 것들이 있는지 한번 알아볼까요?

Weverse (위버스)	많은 아이돌이 방송을 진행하고 있는 사이트로 유명해요.	NAVER TV (네이버 TV)	국내 대표 검색 엔진인 네이버에서 제작한 방송 플랫폼이에요.
kakao TV (카카오 TV)	방송사의 동영상뿐만 아니라, 개인 스트리머들의 방송도 진행되고 있어요.	트위치	게임 방송을 즐겨본다면 누구나 알고 있을만 한 플랫폼이에요. 유명 프로게이머들도 이곳에서 게임 방송을 진행하고 있지요.
afreeca TV (아프리카 TV)	연예인 보다는 일반인들이 많은 방송을 하고 있어요. 특히 게임과 관련된 방송이 인기가 많아요.	YOU TUBE (유튜브)	전세계적으로 이용자가 가장 많은 동영상 플랫폼이에요.

 2 네이버보다 유튜브를 많이 보는 이유가 뭔가요?

네이버는 원하는 정보를 검색하는 전문 사이트입니다. 물론 네이버도 동영상 서비스를 함께 제공하지만, 동영상만을 전문적으로 서비스하는 플랫폼인 '유튜브'가 모든 면에서 가장 뛰어납니다. 유튜브는 개인이 스마트폰으로 촬영한 동영상을 편집하여 유튜브 플랫폼에 올리고 볼 수 있게 되면서 유명해지기 시작했어요.

1️⃣ 유튜브로 이동해 구성을 살펴보겠습니다. 먼저 인터넷 브라우저를 실행시키고 '유튜브'를 검색하여 사이트로 이동하세요.

2️⃣ 유튜브 사이트로 이동하면 전체적인 구성이 어떻게 되어 있는지 살펴봅니다.

Ⓐ **메뉴**

❶ 홈 : 유튜브 첫 페이지로 이동합니다.

❷ Shorts(쇼츠) : 60초 이하의 짧은 동영상을 보여줍니다.

❸ 구독 : 구독을 신청한 채널에서 올린 영상들을 보여줍니다.

❹ 보관함 : 시청한 동영상이나 나중에 보기 위해 설정한 동영상, 저장한 재생목록, 좋아요를 표시한 동영상 목록이 표시됩니다.

❺ 시청 기록 : 시청 기록을 확인하거나 삭제할 수 있습니다.

❻ 나중에 볼 동영상 : 나중에 볼 동영상으로 지정한 동영상의 목록이 표시됩니다.

❼ 좋아요 표시한 동영상 : '좋아요'를 클릭한 동영상의 목록이 표시됩니다.

❽ 구독 : 구독한 채널 목록을 표시합니다.

Ⓑ **검색창** : 검색할 동영상의 주제어를 입력하여 검색할 수 있습니다.

Ⓒ **맞춤 동영상** : 유튜브 사이트에서 사용자가 자주 검색했거나 확인한 주제 중 추천하는 동영상의 목록을 보여줍니다.

4 원하는 동영상 찾아보기

1 유튜브 사이트에서 원하는 동영상을 찾기 위해 검색어 입력란에 '**테이프공**'을 입력하고 Enter 를 누릅니다.

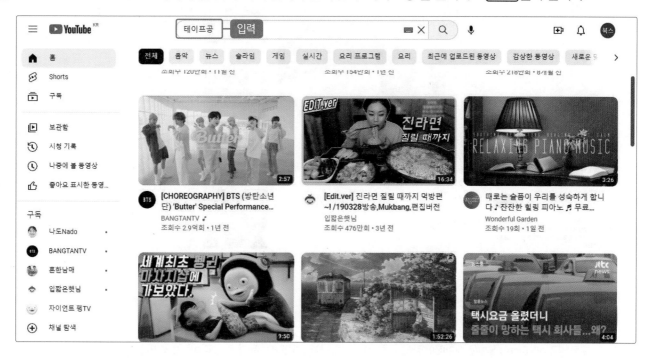

2 '테이프공' 관련 동영상 목록이 나타나면 보고 싶은 동영상 또는 동영상의 제목을 클릭해 이동합니다.

동영상 목록에서 섬네일에 마우스 포인터를 위치하면 오른쪽 위에 2개의 버튼이 표시됩니다.

- 🕐 : 로그인을 하고 버튼을 클릭하면 '나중에 볼 동영상 목록'에 추가됩니다. 화면 왼쪽 메뉴에서 '나중에 볼 동영상'을 클릭하면 목록에 표시됩니다.
- ▤ : 버튼을 클릭하면 '현재 재생할 목록'에 추가됩니다. 동영상을 클릭하면 동영상 보기 페이지에 '현재 재생할 목록'이 표시되고 목록의 동영상이 이어서 재생됩니다.

③ 광고가 나오면 잠시 기다렸다가 [광고 건너뛰기]를 클릭하여 동영상을 확인해 봅니다.

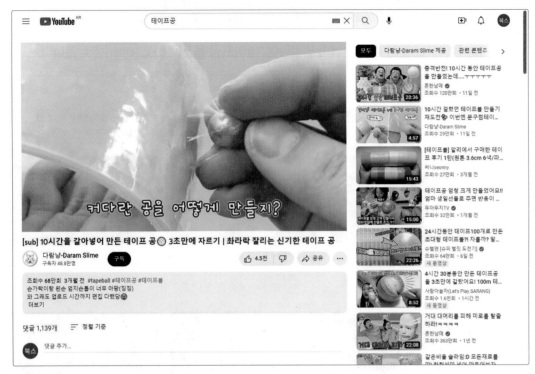

🔔 동영상 보기 화면 기능들

- 채널로 이동하기 : 동영상 아래쪽의 채널 이름(예 : 다람냥)을 클릭하면 해당 채널로 이동할 수 있습니다.
- 구독 : 로그인을 하고 구독 버튼을 클릭하면 채널을 구독 신청할 수 있으며, 구독 중일 때는 🔔 구독중 ∨ 모양으로 표시됩니다.
- ▶ 🔲 ⚙ ▢ ◻ ⛶ : 자동재생 사용 설정, 자막, 세부 설정, 화면 크기 등의 옵션을 변경할 수 있습니다.

④ 화면을 아래로 이동하면 댓글을 달 수 있습니다. 단, 댓글 기능은 로그인 상태에서만 가능합니다.

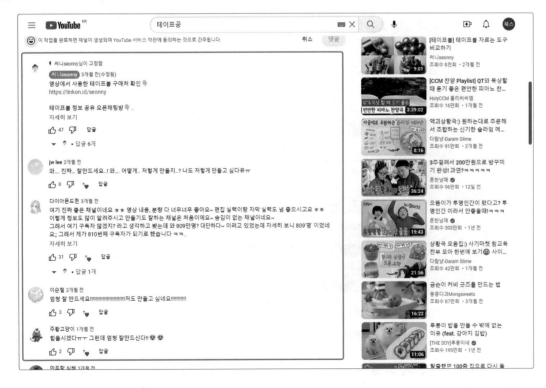

스스로 만들어요

1 자신이 관심 있는 단어를 입력해 동영상을 검색하고 재생목록을 만들어 보세요.

2 여러분이 평소에 관심이 있었던 분야를 검색하여 동영상 콘텐츠가 재미있는 채널을 찾아 구독을 신청한 후 왼쪽 메뉴에서 '구독' 목록을 확인해 보세요.

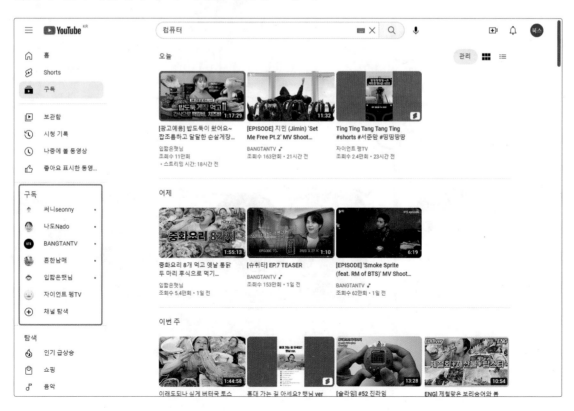

만약 내가 유튜버가 된다면?

◁◁ ❚❚ ▷▷

이전 차시에서 알아보았던 것처럼 아직까지는 동영상 서비스 플랫폼으로 '유튜브'가 대세인 것 같아요. 만약 내가 유튜버가 된다면 어떨지 상상해 보았나요? 오늘은 다양한 유튜버의 영상을 보면서 내가 만들 동영상의 주제를 찾아보도록 할게요!

이번에 배울 내용

▶ 유명 유튜버 채널을 확인할 수 있습니다.
▶ 잘하는 것과 좋아하는 것에 대해 알아보고 유튜브에서 동영상을 확인할 수 있습니다.
▶ 자신의 유튜브 채널 주제와 이름을 정할 수 있습니다.

1 유명한 유튜버들은 어떤 동영상 콘텐츠를 만들까?

유명한 유튜버들은 어떤 동영상 콘텐츠를 만들어 올리는지 알아볼까요? 먼저 유튜브 사이트(youtube.com)로 이동하여 동영상을 살펴본 다음 빈 칸을 채워 보세요.

채널 이름	허팝Heopop	채널 주소	youtube.com/@heopopfamily

이 채널에서 주로 다루는 콘텐츠는?	

채널의 콘텐츠를 보고 느낀 점은?	

채널 이름	양띵 유튜브	채널 주소	youtube.com/@yd0821

이 채널에서 주로 다루는 콘텐츠는?	

채널의 콘텐츠를 보고 느낀 점은?	

 우리가 TV를 보면 SBS, KBS, MBC, EBS 등과 같이 각 채널이 있듯이 유튜브에서 자신만의 채널을 만들 수 있어요.

채널 이름	입짧은햇님	채널 주소	youtube.com/@short_mouth_sun

이 채널에서 주로 다루는 콘텐츠는?

채널의 콘텐츠를 보고 느낀 점은?

채널 이름	캐리TV 장난감친구들	채널 주소	youtube.com/@CarrieAndToys

이 채널에서 주로 다루는 콘텐츠는?

채널의 콘텐츠를 보고 느낀 점은?

채널 이름	흔한남매	채널 주소	youtube.com/@hhnm

이 채널에서 주로 다루는 콘텐츠는?

채널의 콘텐츠를 보고 느낀 점은?

채널 이름	자이언트 펭TV	채널 주소	youtube.com/@giantpengtv

이 채널에서 주로 다루는 콘텐츠는?

채널의 콘텐츠를 보고 느낀 점은?

유명 유튜브 채널에서 어떤 콘텐츠들이 인기가 있고 재미있는지 확인해보았나요? 만약 여러분이 유튜버가 된다면 어떤 주제의 영상을 만들어 보여줄지 결정하기 전에 친구들보다 더 잘하거나 좋아하는 것이 무엇인지 먼저 찾아야 해요. **이것** 에 맞는 생각이나 행동을 찾아보세요.

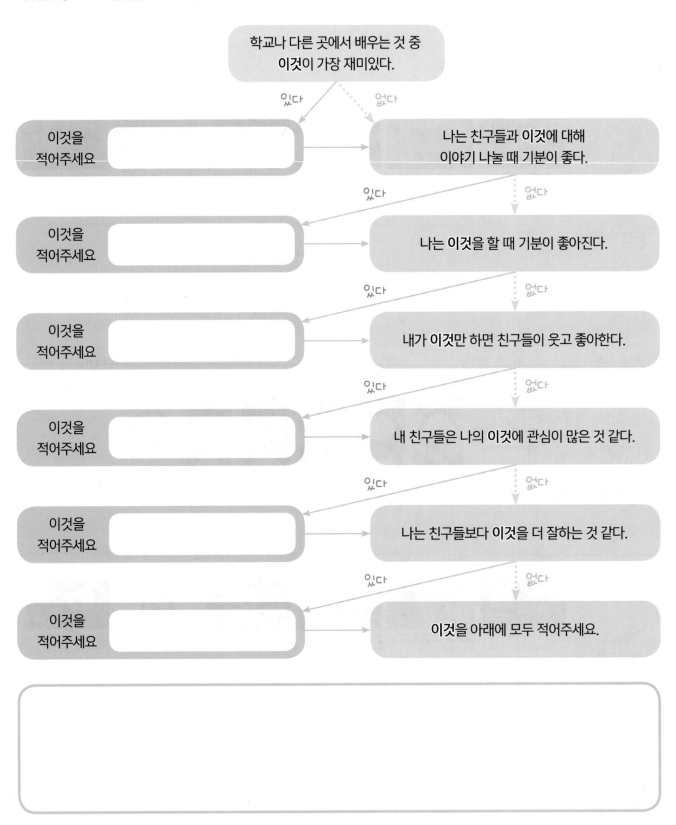

3 내가 만들 동영상의 주제와 채널 이름 정하기

앞에서 여러분이 좋아하고 잘하는 것을 찾아 단어로 정리해 보았나요? 유튜브 영상을 만들 때 본인이 흥미를 가지고 있거나 잘 한다고 생각하는 것으로 주제를 정하면 꾸준히 동영상 콘텐츠를 만들어 업로드 하는데 도움이 될 거예요. 앞에서 찾은 단어들을 이용하여 여러분이 유튜브 영상을 만들 주제를 찾으면 됩니다. 그럼 이제부터 내가 만들 **동영상의 주제**와 **채널 이름**을 정해 보아요.

여러분이 잘 만들 수 있고 만들고 싶은 콘텐츠를 나열해 보세요.
이전에 적었던 좋아하고 잘하는 것들을 활용해 적어 보세요.

예) 반려동물, 축구, 게임, 맛집, 장난감, 댄스, 브이로그

주제 중에 친구들이 가장 좋아할 것 같은 주제 세 가지를 적어보세요.

주제와 맞는 채널 이름 후보와 이유를 여러 개 적어보세요.

예) 뽀삐로그, 띠용이 World, 우주먹방 ASMR, 은희TV

두둥~! 앞으로 당신의 유튜브 채널 이름은? 친구들과 서로 상의해 이름을 결정해 보세요.

동영상은 어떻게 만들어야 하나요?

◁◁ ❙❙ ▷▷

채널의 성격을 보여주는 재미있는 이름과 콘텐츠의 주제를 정했다면, 이제 세부적으로 어떤 내용의 동영상을 만들지 생각하여 정리해야 합니다. 그리고 여러 개의 동영상을 만들기 위해서는 주제에 대한 정보도 많이 수집해야 하죠.

이번에 배울 내용

▶ 동영상을 만들 자세한 소재를 정할 수 있습니다.
▶ 다른 친구들이 올린 동영상을 보고 콘텐츠의 흐름을 파악할 수 있습니다.
▶ 콘텐츠를 만들 때 필요한 콘티를 만들어 봅니다.

여러분은 어떤 내용으로 콘텐츠를 만들 수 있을까요? 먼저 여러분의 친구들은 어떤 콘텐츠로 동영상을 만들고 있는지 확인해 보도록 해요.

◎ **롤롤라임**

구독자 80만 명이 넘는 유튜버로 시청자를 대신해 다양한 체험을 하고 생생한 과정을 보여주는 콘텐츠를 만들고 있습니다.

◎ **띠예**

구독자가 60만 명이 넘는 유튜버로 일상을 보여주는 브이로그와 먹방 ASMR을 다루는 콘텐츠를 만들고 있습니다.

◎ **어썸하은**

구독자가 500만 명이 넘는 유튜버로 본인의 장기인 댄스로 '커버 댄스'나 '창작 댄스' 콘텐츠를 만들고 있습니다.

2 콘텐츠 소재 찾기와 구성 살펴보기

여러분의 친구들은 어떤 콘텐츠를 만들어 유명한 유튜버가 되었는지 확인해 보았나요? 이제는 여러분이 좋아하고 잘할 수 있는 주제를 가지고 어떤 콘텐츠를 만들 수 있을지 소재를 찾아 볼 차례입니다. 여러분의 일상이나 관심 있는 주제에서 다른 사람들이 주목할 만한 소재를 찾아봅시다.

여러분이 여가 시간에 많이 하는 일이나 취미에는 어떤 것들이 있나요?
예) 침대에 누워있기, 엄마 몰래 게임하기, 유튜브에서 음악 찾아 듣기, 친구들과 축구하기, 간식 만들기

자, 위에 적은 단어를 키워드로 유튜브에서 검색해 봅니다. 키워드로 검색된 영상들을 보면서 나만의 소재로 만들어 보세요. 이 책에서는 롤롤라임 유튜버의 빼빼로 만들기 콘텐츠를 확인해 보겠습니다.

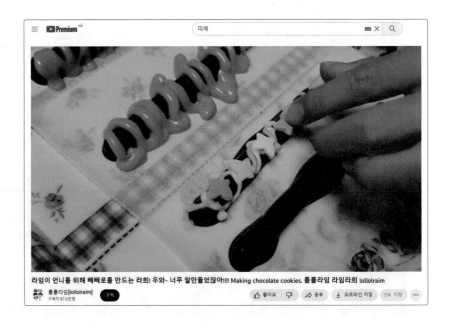

라임이 언니를 위해 빼빼로를 만드는 라희! 우와~ 너무 잘만들었잖아!!!! Making chocolate cookies. 롤롤라임 라임라희 lollolraim

동영상의 주제와 콘텐츠의 흐름이 어떻게 구성되어 있는지 적어보세요.			
제목			
주제			
흐름	분	초	
	분	초	
	분	초	
	분	초	
	분	초	

어떤 주제로 재밌는 콘텐츠를 만들지 결정하고 어떻게 구성을 하는 것이 재미있는지 확인했다면 이제 세부적인 콘티를 작성할 차례입니다. 콘티란, 촬영 방법과 영상의 상황, 자막이나 주인공이 말할 내용 등을 미리 구성하는 영화 대본과 같은 것이에요. 콘티가 자세하게 구성되어 있어야 다시 촬영하지 않게 되고 영상을 편집할 때 시간을 절약할 수 있답니다.

콘텐츠 제목	〈 비단처럼 부드럽고 맛있는 크림파스타 만들기 〉
콘텐츠 주제	집에있는 우유를 이용하여 파스타 만들기
촬영 장소	집

그림	내용
	(카톡 메세지 소리)
	친구에게 카톡이 온다.
	확인하는 모습
	핸드폰 화면을 클로즈업 해서 보여준다.
	대사 : "휠 …. 나도 먹고싶다"
	(한숨쉬는 소리)
	장면전환 → 텅빈 지갑을 보여줌
	(장면 전환 효과)
	책상에 재료가 나타난다. (효과음)
	여자아이가 고민하는 모습
	(+ 소리 - "음 ……")
	제목 띄우기 〈집에있는 우유로 맛있는 크림 파스타 만들기〉
	장면 전환
	화면 아래에 자막 띄우기
	손 씻기부터 순서대로 나눠서 촬영
	재료소개
	(마지막 장면)
	완성모습 클로즈업
	+ 먹는 모습 보여주기

▶ 콘티 작성 방법

1️⃣ 동영상 촬영 시 상황에 따라 전체 배경과 함께 찍을 것인지, 얼굴을 찍을 것인지, 컴퓨터 화면을 찍을 것인지 등을 미리 결정하세요.

2️⃣ 생각해 놓은 콘텐츠의 흐름이나 줄거리 장면 등을 꼭 스케치해 주세요. 졸라맨처럼 못 그려도 돼요.

3️⃣ 어떤 설명을 할 것인지 장면에 대한 자막이나 말할 내용에 대한 정보를 미리 찾아보고 작성해 두세요.

콘텐츠 제목	
콘텐츠 주제	
촬영 장소	

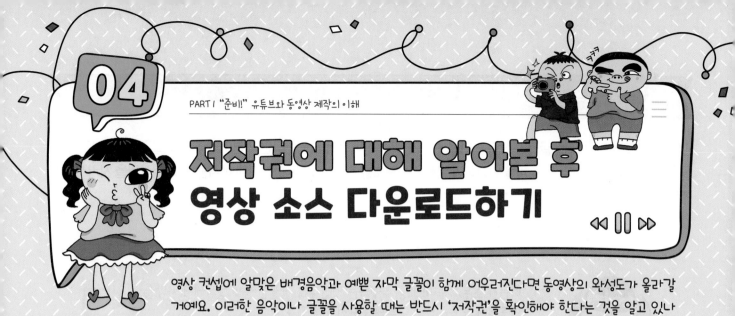

저작권에 대해 알아본 후 영상 소스 다운로드하기

영상 컨셉에 알맞은 배경음악과 예쁜 자막 글꼴이 함께 어우러진다면 동영상의 완성도가 올라갈 거예요. 이러한 음악이나 글꼴을 사용할 때는 반드시 '저작권'을 확인해야 한다는 것을 알고 있나요? 이번 차시에서는 영상 편집에 필요한 소스 다운로드 방법과 저작권에 대해 알아볼게요.

이번에 배울 내용

▶ 저작권에 대해 알아봅니다.
▶ 영상 편집에 사용할 음악을 다운로드 합니다.
▶ 영상 편집에 사용할 글꼴을 설치합니다.

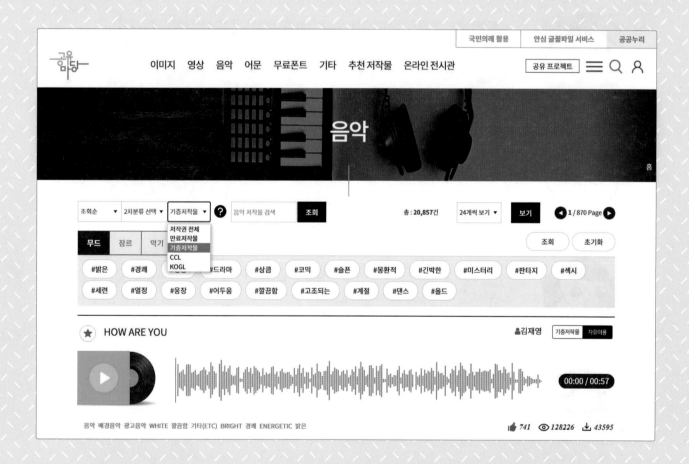

1 저작권이란 무엇일까?

만약 내가 그린 그림 또는 글짓기 작품을 다른 친구가 똑같이 베껴서 사용한다면 기분이 좋지 않겠죠? 저작권이란, 창작물을 만든 사람의 가치와 노력 등을 인정하여 법적으로 보호를 해주는 권리예요. 아래 예시를 보고 저작권을 지키지 않는 행동을 골라 주세요.

나는야 초등 유튜버! 요즘 유행하는 멋진 유료 글꼴을 몰래 설치해서 자막을 만들었더니 '좋아요'가 급증해서 완전 기분 좋아.

선생님께서 내주신 독후감 숙제를 계속 미루다가 인터넷에 누가 올린 글을 그대로 제출하여 쉽게 해결할 수 있었어.

내가 좋아하는 웹툰 내용을 캡처해서 친구들이 모두 볼 수 있도록 SNS에 공개했어.

내가 좋아하는 BTS 얼굴 사진으로 열쇠고리를 만들어 중고 마켓에 판매해 볼까 해. 혹시 문제가 될까?

내 단짝 친구에게 수학 문제 풀이 방법을 알려주기 위해 유튜브 영상을 참고해서 쉽고 재미있는 공식으로 설명해줬어.

우리 집 강아지가 시끄럽게 짖길래, TV에서 배운 대로 교육해 보니 조금 나아지고 있는 것 같아서 다행이야!

2 무료 음악 다운받기

동영상에 오디오를 추가할 때는 저작권에 위배되지 않는 음악을 이용하는 것이 좋아요. 먼저, 안전하게 음악 파일을 다운받을 수 있는 곳을 알아볼까요?

1️⃣ 인터넷 브라우저를 실행시키고 '**공유마당**'을 검색하여 접속합니다.

2️⃣ [음악] 탭에서 저작권 종류를 '**기증저작물**'로 선택한 다음 [조회]를 클릭하여 다양한 배경 음악을 확인할 수 있습니다.

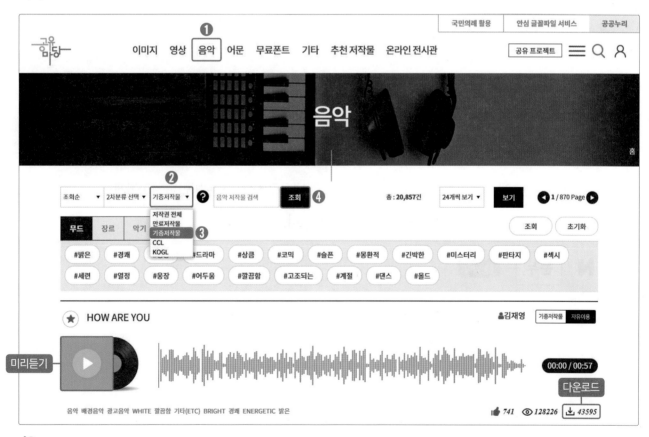

🔔 저작권 종류를 '기증저작물' 또는 '만료저작물'로 선택하는 것이 안전할 거예요. 만약 원하는 음악이 있으면 키워드로 검색하세요.
　(예 : 산책, 자연, 놀이공원 등)

③ 만약, 유튜브 계정을 가지고 있다면 아래 그림을 참고하여 더욱 간편하게 무료 음악을 다운로드 할 수 있어요.

🔔 경로 : [내 계정]-[YouTube 스튜디오]-[오디오 보관함]

🔔 [음향 효과] 탭에서는 다양한 효과음도 다운로드가 가능합니다.

🎬 3 무료 글꼴 설치하기

이번에는 동영상 콘텐츠에 이용 가능한 멋진 글꼴을 찾아보고, 내 PC에 설치하는 방법도 알아볼게요.

① 인터넷 브라우저를 실행시키고 '눈누'를 검색하여 접속합니다.

2️⃣ [모든 폰트] 탭을 클릭한 다음 '**허용 범위**'를 '**영상**'에 체크합니다.

3️⃣ 효과 문구나 자막에 사용할만한 서체를 찾아 원하는 내용을 입력해 봅니다.

🔔 영상에 이용될 서체를 선택할 때 가장 중요한 것은 '가독성'입니다. 가독성이란, 누구에게나 쉽게 읽힐 수 있는지를 나타내는 정도이지요. 다수의 시청자가 편하게 읽을 수 있는 서체를 찾아보는 것은 어떨까요?

4️⃣ 원하는 서체를 찾았나요? 서체의 제목 부분을 클릭한 다음 [**다운로드 페이지로 이동**]을 선택해 주세요.

5 연결된 웹사이트에서 서체를 다운로드 합니다. 서체를 서비스하는 회사마다 다운로드 단추의 위치와 모양이 조금씩 다를 수 있으니 참고하시기 바랍니다.

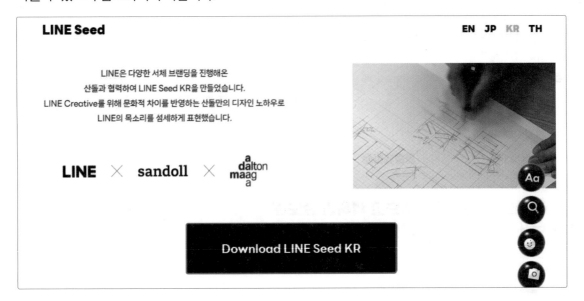

6 자, 이번에는 서체를 내 PC에 설치해 보겠습니다. 서체 파일을 모두 선택한 후 선택된 파일 위에서 마우스 오른쪽 버튼을 눌러 [모든 사용자용으로 설치]를 클릭합니다.

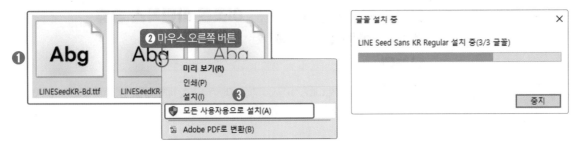

- 글꼴 파일이 압축된 상태라면 압축 해제 후 [모든 사용자용으로 설치]가 가능합니다.
- OTF와 TTF 중에서 보다 가벼운 파일 형식인 TTF 폴더 안의 서체를 설치하도록 합니다.

7 [설정]-[개인 설정]-[글꼴]-'사용 가능한 글꼴'에서 설치된 글꼴을 검색 및 확인할 수 있습니다.

멋진 영상 촬영을 위한 TIP

부록

▶ 촬영 시 카메라가 필요하지 않을까요?

고가의 카메라로 동영상이나 사진을 촬영하는 것은 전문적인 지식을 요구하기 때문에 우리는 전용 장비 없이 원하는 품질의 영상을 충분히 얻을 수 있을 수 있는 '스마트폰'을 이용하는 것이 좋아요.
스마트폰의 가장 큰 장점은 작고 가벼워 매일 들고 다닐 수 있기 때문에 언제든지 쉽게 촬영이 가능하다는 점이에요.

▶ 더 잘 찍고 싶다면 참고하세요!

여러분은 촬영한 사진 또는 동영상이 마음에 들지 않았던 경험이 있었나요? 내가 촬영한 결과물이 삐뚤어져 보이거나, 초점이 퍼지고 흔들린 적도 있었을 거예요. 이번에는 사진 또는 동영상을 찍을 때 미리 숙지하면 도움이 될 만한 간단한 팁을 몇 가지 알려드릴게요.

1. 스마트폰 파지법

파지법이란, 어떤 물건을 손으로 움켜쥐는 방법을 뜻해요. 사진 또는 동영상을 촬영할 때 대상이 흔들리지 않도록 양손으로 스마트폰을 잡는 방법도 중요하기 때문에 연습이 필요합니다.

▲ 가로 파지법

▲ 세로 파지법

🔔 영상 편집에 이용될 이미지 소스는 가로로 촬영하는 것을 추천합니다.

멋진 영상 촬영을 위한 TIP

2. 안내선 기능 ON

수평과 수직이 잘 맞춰진 구도의 결과물은 안정적인 느낌을 줄 수 있습니다. 하지만 촬영 초보자에게는 한 번에 수평, 수직을 맞추기가 쉽지 않지요. 스마트폰 카메라 앱의 '설정'에서 '수직/수평 안내선' 기능을 켜고 촬영을 하면 훨씬 쉬워질 거예요.

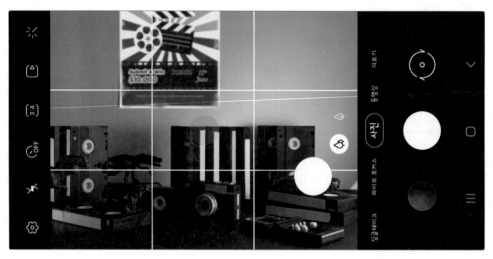

 제조사와 모델명에 따라 메뉴의 이름이 다를 수 있습니다.

3. 필터 기능 활용

필터란 빛을 걸러내어 변화시키는 것을 말하며, 사진의 색 조직을 바꾸거나 빛의 양을 조절하는 일을 합니다. 대체로 스마트폰 카메라 앱에서 필터 기능을 기본적으로 제공하고 있습니다.

똑같은 장면(상황)을 촬영하더라도 잘 찍는 사람과 아닌 사람의 차이를 생각해 본적이 있나요? 이것은 '앵글' 위치 때문이라고 볼 수 있어요. 앵글이란, 사물을 보는 관점을 뜻하며, '앵글=눈의 높이' 정도로 생각하면 조금 더 쉽게 이해할 수 있을 거예요. 지금부터는 기본적인 앵글 위치에 대해 알아보도록 하겠습니다.

• **하이 앵글 샷** : 높은 위치에서 대상을 내려다보는 촬영구도

• **아이 레벨 샷** : 대상을 동일한 눈높이에서 바라보는 촬영구도

• **로우 앵글 샷** : 낮은 위치에서 대상을 올려다보는 촬영구도

PART 2

"시작!"
곰믹스 프로로
동영상 편집

곰믹스 프로로 크리스마스 영상 만들기

유튜버가 되기 위해 채널 이름을 정하고 콘텐츠를 만들 소재를 정해 콘티를 만들었다면 친구들이 좋아하는 콘텐츠로 만들기 위해 동영상을 편집할 수 있어야 합니다. 이번 차시에서는 동영상 편집 프로그램인 곰믹스 프로를 살펴보도록 하겠습니다.

이번에 배울 내용
▶ 곰믹스 프로의 화면 구성에 대해 알아봅니다.
▶ 프로젝트 샘플을 활용해 크리스마스 동영상을 만들 수 있습니다.
▶ 편집한 영상을 저장하는 방법을 알아봅니다.

동영상 미리보기
곰믹스 프로에서 제공하는 '프로젝트 샘플'을 이용해 원하는 축하 메시지를 추가하여 예쁜 크리스마스 축하 동영상을 만들어 봅니다.

완성파일 : 크리스마스 동영상.grp

▷ 흩뿌리는 애니메이션 이미지 효과

▷ 텍스트 애니메이션 효과

▷ 지정한 시간에 텍스트 표시

▷ 오른쪽에서 왼쪽으로 날아가기 효과 적용

1 곰믹스 프로, 너는 누구니?

곰믹스 프로는 영상과 이미지, 오디오, 자막 등을 이용해 동영상을 편집할 수 있는 프로그램입니다. 다양한 템플릿과 미디어 소스를 기본으로 제공하며 필터와 영상 전환 효과를 이용해 영상에 효과를 지정할 수도 있습니다. 그럼 먼저 곰믹스 프로가 어떻게 구성되어 있는지 살펴볼까요?

1 바탕 화면의 를 더블클릭하여 '곰믹스 프로' 프로그램을 실행시킵니다.

2 '곰믹스 프로' 프로그램이 어떻게 구성되어 있는지 살펴봅니다.

① **미리보기 영역** : 현재 편집 중인 영상을 확인할 수 있습니다.

  ❶ 미리보기 화면 : 편집 중인 영상과 적용된 효과를 미리 확인할 수 있습니다.

  ❷ 탐색 바 : 탐색 바를 이용해 영상의 위치를 지정할 수 있습니다.

  ❸ 재생 위치 설정 : 시간을 입력하거나 −, + 버튼을 클릭해 재생 위치를 지정할 수 있습니다.

  ❹ 모드 선택 : 타임라인에서 선택한 클립만 재생하거나 전체 클립을 재생할 수 있습니다.

  ❺ 재생 컨트롤러 : 영상을 재생하거나 멈추고 1초 단위로 화면을 이동할 수 있습니다.

  ❻ 캡쳐 : 현재 재생 위치의 화면을 캡쳐할 수 있습니다.

  ❼ 마크인 / 마크아웃 : 영상이 시작되고 종료되는 위치를 지정해 지정한 위치의 앞과 뒤의 영상이 재생 영역에서 제외됩니다.

② 소스 및 효과 영역

❶ 메뉴 탭 : 영상 편집을 위한 메뉴 목록이 탭 형태로 표시됩니다.
  · [미디어 소스] 탭 : 현재 프로젝트에 포함된 미디어 소스를 추가하거나 삭제할 수 있습니다.
  · [텍스트/이미지] 탭 : 영상에 텍스트나 이미지를 추가할 수 있습니다.
  · [템플릿] 탭 : 곰믹스 프로에서 제공하는 기본 템플릿을 적용할 수 있습니다.
  · [오버레이 클립] 탭 : 다양한 오버레이 클립을 추가할 수 있습니다.
  · [필터] 탭 : 영상의 색상이나 질감을 변경할 수 있습니다.
  · [영상 전환] 탭 : 2개 이상의 영상이 추가되었을 때 영상이 전환되는 효과를 지정할 수 있습니다.
❷ 소스 및 효과 목록 : 선택한 메뉴 탭에 포함된 소스와 효과 목록이 표시됩니다.
❸ 목록 : 소스 및 효과 목록에서 선택한 폴더의 내용이 표시됩니다.

③ **타임라인 영역** : 영상 편집을 위해 추가한 소스(동영상, 오디오, 텍스트 등)나 효과를 확인하거나 편집할 수 있습니다.

④ **인코딩 영역** : 편집이 완료된 영상을 지정한 위치에 동영상 파일로 저장할 수 있습니다.

2 크리스마스 축하 영상 만들기

1 '곰믹스 프로'에서 제공하는 프로젝트 샘플을 활용하기 위해 **[미디어 소스] 탭-[프로젝트 샘플]-[크리스마스]**를 더블 클릭합니다.

2 영상 크기를 변경한다는 대화상자가 나타나면 [확인] 버튼을 클릭합니다.

🔔 프로젝트 파일이란 영상, 오디오, 텍스트, 이미지, 효과 등 작업한 타임라인이 저장된 파일입니다.

③ 프로젝트 파일이 열리면 타임라인을 확대하기 위해 **확대(🔍)**를 여러 번 클릭하여 타임라인에 추가된 클립들이 잘 보이도록 합니다.

🔔 Ctrl+마우스 스크롤을 이용해 타임라인의 크기를 확대하거나 축소할 수 있습니다.

④ [미리보기] 영역에서 **재생(▶)**을 클릭하여 어떤 영상인지 확인해 봅니다. 탐색 바가 이동하면서 영상이 재생됩니다.

🔔 재생되는 동안에는 재생(▶)이 일시정지(⏸)로 표시됩니다.

⑤ 영상 중에 "내용을 입력하세요."의 텍스트를 변경하기 위해 **[텍스트/이미지] 탭-[텍스트]**를 클릭하고 목록에서 **T19**를 선택한 후 **텍스트 수정(✏)**을 클릭합니다.

🔔 프로젝트 파일에 추가되어 있는 텍스트 클립들이 모두 표시됩니다. 목록에서 해당 텍스트 클립을 선택하면 타임라인에서 자동으로 선택됩니다.

6 텍스트 수정 창에서 "**행복한 크리스마스 되세요!^^**"를 입력하고 [적용] 버튼을 클릭합니다.

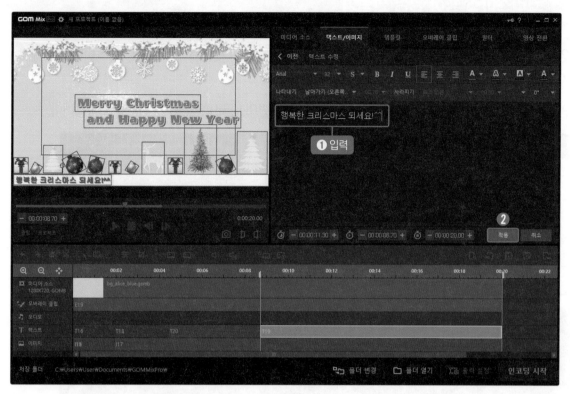

🔔 [적용] 버튼을 클릭하지 않으면 변경한 내용이나 기능이 적용되지 않습니다.

7 오른쪽에서 왼쪽으로 이동하는 텍스트 클립의 텍스트가 변경되었는지 [미리보기] 영역에서 **재생(▶)**을 클릭하여
확인해 봅니다.

1 작업한 영상을 저장하기 위해 인코딩 영역에서 인코딩 시작 을 클릭합니다. [인코딩] 대화상자가 나타나면 저장 경로와 파일 이름을 지정한 후 **[인코딩 시작]** 버튼을 클릭합니다.

2 영상이 인코딩되는 과정을 보여주고 인코딩이 모두 끝났다는 화면이 나타나면 [닫기] 버튼을 클릭합니다.

🔔 [업로드] 버튼을 클릭하면 유튜브나 구글 드라이브 페이지로 바로 이동할 수 있습니다.

3 이번에는 프로젝트 파일로 저장하기 위해 **프로젝트로 저장(**🖫**)**을 클릭하고 [다른 이름으로 저장] 대화상자가 나타나면 저장할 위치와 파일명을 지정한 후 [저장] 버튼을 클릭합니다.

🔔 프로젝트 파일로 저장할 때는 영상이나 이미지 등의 파일 경로가 변경되면 열리지 않습니다. 경로를 변경해야 한다면 내보내기(🗗)를 클릭해 현재 프로젝트를 모든 미디어 소스 파일과 함께 저장합니다.

스스로 만들어요

1 새 프로젝트()를 클릭해 새 프로젝트 파일을 만들고 프로젝트 샘플을 이용해 인트로 영상을 완성해 보세요.

완성파일 : 인트로.grp

유명한 유튜버 되기

이렇게 만들어요

❶ 새 프로젝트(🔲)를 클릭해 새 프로젝트 파일 만들기

❷ 프로젝트 샘플의 '인트로' 프로젝트 적용하기

❸ 'T1' 텍스트 클립 글자 변경하기 : "유명한 유튜버 되기"

❹ 변경한 영상 처음부터 감상하기

❺ 인코딩하기 : "인트로.mp4" / 프로젝트 파일 저장하기 : "인트로.grp"

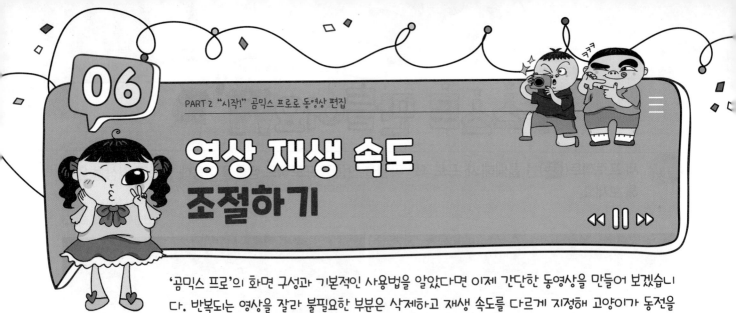

영상 재생 속도 조절하기

'곰믹스 프로'의 화면 구성과 기본적인 사용법을 알았다면 이제 간단한 동영상을 만들어 보겠습니다. 반복되는 영상을 잘라 불필요한 부분은 삭제하고 재생 속도를 다르게 지정해 고양이가 동전을 어떻게 가져가는지 확인하는 동영상을 만들어 봅니다.

이번에 배울 내용

▶ 원하는 위치에서 동영상 클립을 자를 수 있습니다.
▶ 동영상의 재생 속도를 변경할 수 있습니다.
▶ 동영상 클립을 드래그하여 원하는 위치로 이동할 수 있습니다.

동영상 미리보기   동영상 클립을 원하는 위치에서 잘라 재생 속도를 조절하고 동영상 클립을 이동하여 저금통 고양이가 동전을 어떻게 가지고 가는지 확인하는 영상을 만들어 봅니다.

실습파일 : 도둑고양이저금통.mp4   완성파일 : 도둑고양이저금통(완성).grp

▷ 동영상의 앞부분 중 불필요한 부분을 잘라서 삭제

▷ 고양이가 동전을 가져가는 부분을 잘라서 재생 속도를 빠르게 조절

▷ 사람이 동전을 올려놓는 동영상 부분 자르기

▷ 고양이가 동전을 가져가는 부분을 잘라서 재생 속도를 느리게 만들어 어떤 동작으로 가져가는지 확인

1 미디어 소스 불러와 불필요한 부분 삭제하기

1️⃣ 바탕 화면의 📷를 더블클릭하여 '곰믹스 프로' 프로그램을 실행시키고 동영상 소스를 추가하기 위해 **[미디어 소스] 탭-[파일 추가]**를 클릭합니다.

2️⃣ [열기] 대화상자에서 '**도둑고양이저금통.mp4**'를 선택하고 [열기] 버튼을 클릭합니다.

3️⃣ 목록에 추가된 동영상을 [타임라인]의 [미디어 소스]로 드래그하여 타임라인에 추가합니다.

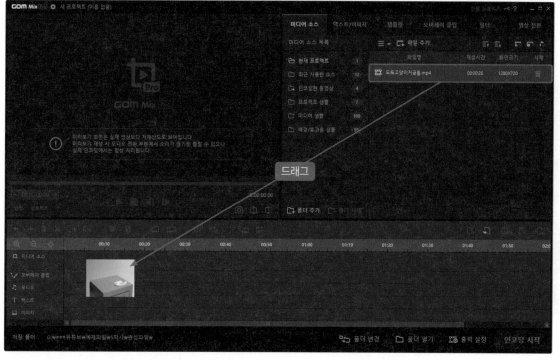

🔔 타임라인에 추가된 영상 클립은 드래그하여 이동하거나 재생 시간을 조절할 수 있습니다.

4 [미리보기] 영역에서 **재생(▶)**을 클릭해 어떤 동영상인지 확인해 봅니다. 처음에 촬영된 불필요한 부분을 잘라 삭제하기 위해 재생 위치 시간을 '**00:00:03.00**'으로 지정한 후 **동영상 자르기(✂)**를 클릭합니다.

🔔 동영상을 자르기 위해서는 탐색 바를 자를 위치로 이동시킨 후 동영상 자르기(✂)를 클릭합니다.

5 동영상이 잘라졌다면 앞부분의 **첫 번째 영상 클립**에서 **[마우스 오른쪽 버튼]-[미디어 소스 제거(타임라인)]**을 클릭한 후 삭제할 것인지 확인하는 대화상자가 나타나면 [예]를 클릭합니다.

🔔 삭제할 동영상 클립을 선택하고 Delete 를 눌러 삭제할 수도 있습니다.

2 재생 속도 조절하기

1 동전을 놓는 영상과 고양이가 동전을 가지고 가는 영상을 자르기 위해 재생 위치 시간을 '**00:00:02.70**'으로 지정한 후 **동영상 자르기(📷)**를 클릭하고 다시 재생 위치 시간을 '**00:00:08.00**'으로 지정한 다음 **동영상 자르기(📷)**를 클릭합니다.

2 고양이가 동전을 가져가는 모습을 빠르게 보여주기 위해 [타임라인]에서 **두 번째 영상 클립**을 클릭하여 선택하고 **비디오 조정(📷)**을 클릭합니다.

3 [비디오 조정] 창이 나타나면 재생 속도를 '**4**'배속으로 지정하고 [적용] 버튼을 클릭합니다.

🔔 재생 속도는 '0.5'에서 '4'배속까지 지정할 수 있으며 숫자가 클수록 재생 속도가 빨라집니다. 재생 속도를 조절하면 타임라인에 영상 클립의 길이가 변경됩니다.

4 이번에는 재생 속도를 천천히 해 고양이가 동전을 어떻게 가지고 가는지 자세하게 보여주도록 하겠습니다. 먼저 동영상을 자르기 위해 재생 위치 시간을 '00:00:11.00'으로 지정한 후 **동영상 자르기(**✂**)**를 클릭하고 다시 재생 위치 시간을 '00:00:17.00'으로 지정한 다음 **동영상 자르기(**✂**)**를 클릭합니다.

5 [타임라인]에서 **네 번째 영상 클립**을 클릭하여 선택하고 **비디오 조정(**✢**)**을 클릭한 후 [비디오 조정] 창에서 재생 속도를 '0.5'배속으로 변경한 다음 [적용] 버튼을 클릭합니다.

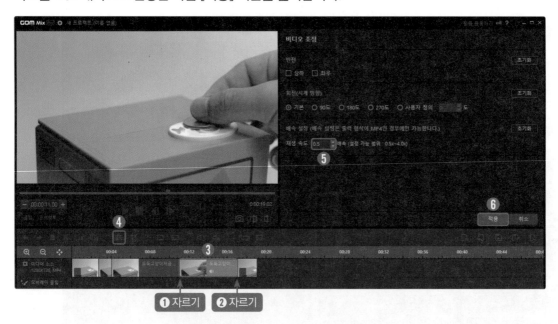

6 [타임라인]에서 마우스 포인터를 **다섯 번째 영상 클립** 위에 위치시키고 드래그하여 가장 앞으로 이동시킵니다.

🔔 잘려진 동영상 클립은 드래그하여 원하는 위치로 이동시킬 수 있습니다.

7 [미리보기] 영역에서 **재생(**▶**)**을 클릭해 편집한 동영상을 확인하고 **프로젝트로 저장(**🖫**)**을 클릭해 프로젝트 파일로 저장합니다.

스스로 만들어요

1 하루 공책을 어떻게 작성하는 것인지 알려주는 동영상을 편집하려고 합니다. 동영상을 자르고 재생 속도를 조절해 긴 동영상을 빠르게 보여주는 동영상으로 편집해 보세요.

실습파일 : 하루공책.mp4   완성파일 : 하루공책(완성).grp

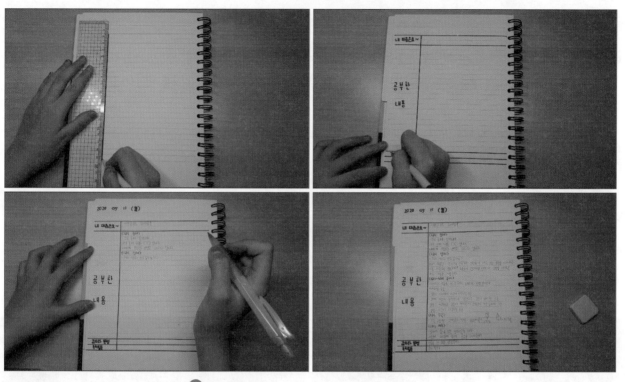

① [미디어 소스]에 '하루공책.mp4'를 추가하기

② 재생 위치 시간 '00:00:06.50'에서 동영상 자르기(▥)를 클릭하고 첫 번째 클립 삭제하기

③ 재생 위치 시간 '00:00:18.00'과 '00:00:24.00'에서 동영상 자르기(▥)를 클릭하고 재생 속도 '4'배 속으로 지정하기

④ 재생 위치 시간 '00:01:35.00'과 '00:06:10.50'에서 동영상 자르기(▥)를 클릭하고 재생 속도 '2'배 속으로 지정하기

🔔 재생 속도가 변경되면 포함된 음성의 속도도 변경되므로 음성이 들려야 할 경우에는 재생 속도를 너무 빠르게 지정하지 않습니다.

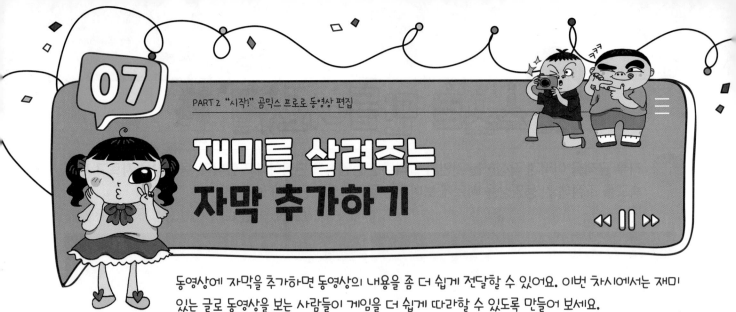

07 재미를 살려주는 자막 추가하기

동영상에 자막을 추가하면 동영상의 내용을 좀 더 쉽게 전달할 수 있어요. 이번 차시에서는 재미있는 글로 동영상을 보는 사람들이 게임을 더 쉽게 따라할 수 있도록 만들어 보세요.

이번에 배울 내용

▶ 이미지를 캡쳐해 영상의 인트로를 만들어 봅니다.
▶ 동영상에 자막을 넣는 방법을 알아봅니다.
▶ 자막에 스타일을 적용하는 방법을 알아봅니다.

동영상 미리보기

동영상의 인트로를 만들기 위해 장면을 캡쳐해 이미지를 동영상 앞에 추가하고 템플릿을 이용해 인트로를 만듭니다. 게임의 설명을 자막으로 만들고 반복되는 장면은 재생 속도를 빠르게 적용합니다.

실습파일 : 얼음깨기.grp   완성파일 : 얼음깨기(완성).grp

▷ 동영상을 캡쳐해 이미지를 동영상 앞에 추가

▷ 템플릿의 타이틀을 이용해 동영상의 인트로 제작

▷ 동영상의 내용에 맞는 자막 추가

▷ 게임의 내용을 자막으로 설명

1 화면 캡쳐하고 인트로 만들기

1 바탕 화면의 🎬 를 더블클릭하여 '곰믹스 프로' 프로그램을 실행시키고 **불러오기(🔄)**를 클릭하여 '**얼음깨기.grp**'
를 불러옵니다.

2 인트로로 만들 장면을 캡쳐하기 위해 동영상의 가장 처음에 위치에 재생 바를 위치시키고 **캡쳐(📷)**를 클릭한 후 대
화상자가 나타나면 [확인] 버튼을 클릭합니다.

🔔 불러오기 : Ctrl+O

🔔 현재 탐색 바가 위
치해 있는 장면이 캡쳐
되어 [미디어 소스] 탭의
목록에 표시됩니다.

3 [미디어 소스] 탭의 목록에 추가된 이미지를 [타임라인]-[미디어 소스]의 가장 앞쪽으로 드래그하여 추가합니다.

4 이미지의 지속 시간을 지정하기 위해 **[마우스 오른쪽 버튼]-[지속 시간 변경(이미지 타입)]**을 클릭하고 대화상자
가 나타나면 지속 시간을 '**00:00:05.00**'으로 지정한 후 [확인] 버튼을 클릭합니다.

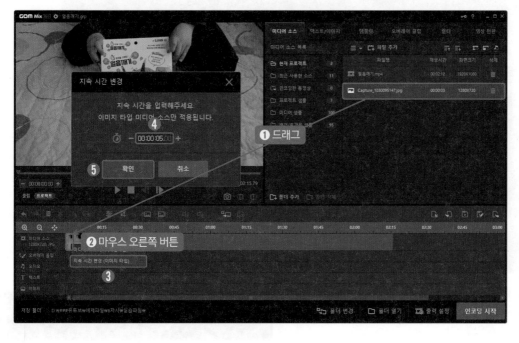

🔔 이미지의 경우에만
지속 시간을 [마우스 오른
쪽 버튼]-[지속 시간 변
경(이미지 타입)]을 클릭
해 변경할 수 있습니다.

5 인트로 효과를 만들기 위해 [템플릿] 탭-[타이틀/자막]-[제목 24]를 선택하고 [적용] 버튼을 클릭합니다.

🔔 템플릿은 텍스트나 이미지 등에 다양한 효과가 미리 지정되어 있습니다.

6 [타임라인]-[텍스트]의 텍스트 클립을 더블클릭하면 나타나는 텍스트 수정 창에서 **"펭귄을 구해줘 얼음깨기 게임"** 을 줄을 바꿔가며 입력하고 글꼴 서식을 지정한 다음 [적용] 버튼을 클릭합니다.

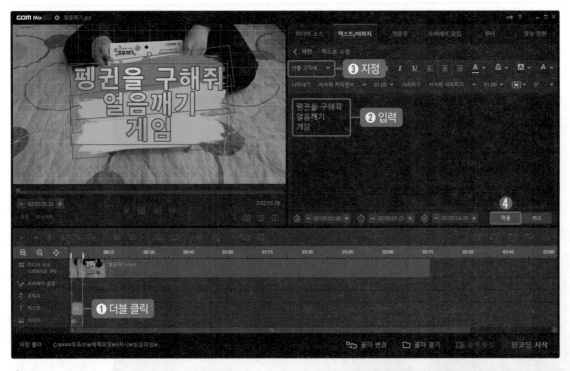

🔔 [텍스트/이미지] 탭을 클릭하면 [타임라인]에 추가되어 있는 텍스트와 이미지 목록이 표시되며 목록에서 시작 시간과 지속 시간을 확인하거나 수정 또는 삭제를 할 수 있습니다.

❶ 시작 시간 ❷ 지속 시간 ❸ 텍스트 수정 ❹ 복제 ❺ 삭제

2 재생 속도 변경하고 자막 추가하기

1 반복되는 영상을 빠르게 재생하기 위해 [타임라인]-[미디어 소스]에서 **첫 번째 영상 클립**을 선택하여 재생 위치 시간을 '**00:00:45.00**'으로 지정한 후 **동영상 자르기(🔆)**를 클릭하고 다시 재생 위치 시간을 '**00:01:53.00**'으로 지정한 다음 **동영상 자르기(🔆)**를 클릭합니다.

2 [타임라인]에서 **두 번째 영상 클립**을 클릭하여 선택하고 **비디오 조정(🔆)**을 클릭한 후 [비디오 조정] 창에서 재생 속도를 '**4**'배속으로 변경한 다음 [적용] 버튼을 클릭합니다.

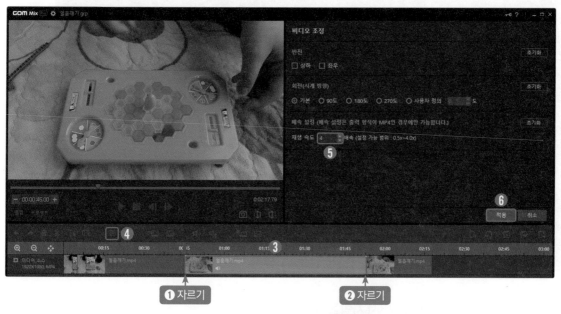

3 자막을 추가하기 위해 [텍스트/이미지] 탭-[텍스트 추가(A+ 텍스트 추가)]를 클릭합니다.

4 [텍스트 추가] 창이 나타나면 "**펭귄을 구해줘 얼음깨기 놀이 시작!**"을 입력하고 텍스트 스타일(S ▼)을 **A**로 지정한 후 시작 시간(⏱)을 '**00:00:08.00**'으로, 지속 시간(⏱)을 '**00:00:05.00**'으로 지정한 다음 [적용] 버튼을 클릭합니다.

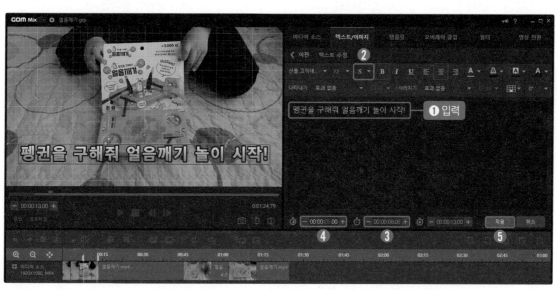

🔔 추가한 텍스트를 삭제하려면 [타임라인]에서 해당 텍스트를 클릭하여 선택하고 Delete 를 누릅니다.

🔔 시작 시간은 텍스트가 보이기 시작하는 시간을, 지속 시간은 시작 시간부터 몇 초간 보일지를 표시합니다.

5 이어서 자막을 계속 추가하기 위해 **[텍스트/이미지] 탭-[텍스트 추가(A+ 텍스트 추가)]**를 클릭합니다.

6 [텍스트 추가] 창이 나타나면 **"상대방과 가위바위보를 먼저 합니다."**를 입력하고 텍스트 스타일(**S** ▼)을 **A**로 지정한 후 시작 시간( )을 '**00:00:13.00**'으로, 지속 시간( )을 '**00:00:10.00**'으로 지정한 다음 [적용] 버튼을 클릭합니다.

7 같은 방법으로 재생 위치 시간을 변경하면서 자막을 추가합니다.

순번	시작 시간	지속 시간	텍스트
1	00:00:23.00	00:00:11.00	이긴 사람이 먼저 돌림판을 돌립니다.
2	00:00:34.00	00:00:11.00	돌림판에 나온 색깔 얼음을 깹니다.
3	00:01:10.00	00:00:04.00	앗~! 펭귄이 떨어졌어요.

🔔 만약 시작 시간이 변경되지 않는다면 종료 시간( )을 최대한 늘려 주세요.

8 [미리보기] 영역에서 **재생(▶)**을 클릭해 편집한 동영상을 확인하고 **프로젝트로 저장( )**을 클릭해 프로젝트 파일로 저장합니다.

스스로 만들어요

1 스케이트보드를 타는 방법을 알려주는 동영상을 만들려고 해요. 동영상을 캡쳐해 이미지와 템플릿으로 인트로를 만들고 자막을 추가해 주세요.

실습파일 : 스케이트보드.grp   완성파일 : 스케이트보드(완성).grp

❶ 재생 위치 시간을 '00:00:11.00'으로 지정하고 캡쳐( )를 클릭하여 장면 캡쳐하기

❷ 캡쳐 이미지를 [타임라인]-[미디어 소스]의 맨 앞에 추가하고 지속 시간을 '00:00:05.00'으로 변경하기

❸ [템플릿] 탭-[타이틀/자막]-[제목 22]를 선택해 템플릿을 적용하고 "스케이트 / 보드 / 배우기"로 텍스트 변경하기

❹ [텍스트/이미지] 탭-[텍스트 추가(A+ 텍스트 추가)]를 클릭해 자막 추가하기

시작 시간	지속 시간	텍스트	텍스트 스타일
00:00:06.00	00:00:03.00	스케이트보드는 중심잡기가 중요해요.	A
00:00:14.00	00:00:03.00	속도가 줄면 오른발로 힘껏 땅을 밀어요.	

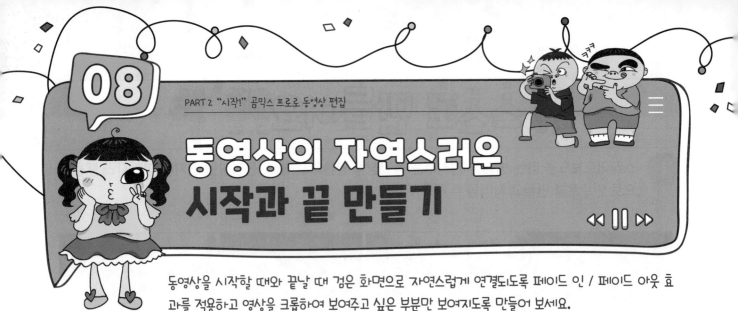

08

동영상의 자연스러운 시작과 끝 만들기

동영상을 시작할 때와 끝날 때 검은 화면으로 자연스럽게 연결되도록 페이드 인 / 페이드 아웃 효과를 적용하고 영상을 크롭하여 보여주고 싶은 부분만 보여지도록 만들어 보세요.

이번에 배울 내용

▶ 동영상에 페이드 인 / 페이드 아웃 효과를 지정할 수 있습니다.
▶ 자막에 다양한 효과를 지정할 수 있습니다.
▶ 동영상을 크롭해 화면을 자르는 방법을 알아봅니다.

동영상 미리보기

페이드 인 / 페이드 아웃 효과를 영상 클립에 적용하고 템플릿을 이용해 인트로를 제작합니다. 장면에 불필요한 부분을 크롭해 필요한 부분만 보여주고 텍스트 효과를 지정한 자막을 추가합니다.

실습파일 : 어린이날.grp　　완성파일 : 어린이날(완성).grp

▷ 영상 클립에 페이드 인 / 페이드 아웃 효과 지정하기

▷ 영상을 캡처하고 템플릿을 이용해 인트로 만들기

▷ 텍스트에 효과를 지정해 보기 좋은 자막 추가

▷ 영상을 크롭해 필요한 부분만 보여주기

54

페이드 인 / 페이드 아웃 효과 지정하기

1️⃣ 바탕 화면의 📺를 더블클릭하여 '곰믹스 프로' 프로그램을 실행시키고 **불러오기(🔙)**를 클릭하여 '**어린이날.grp**' 를 불러옵니다. 페이드 인과 페이드 아웃 효과를 지정하기 위해 [타임라인]-[미디어 소스]의 '**토끼마차.mp4**' 클립 을 선택하고 **영상 페이드 인(🖼)**과 **영상 페이드 아웃(🖼)**을 클릭합니다.

2️⃣ 두 번째 영상 클립도 효과를 적용하기 위해 [타임라인]-[미디어 소스]의 '**트램폴린.mp4**' 클립을 선택하고 **영상 페 이드 인(🖼)**과 **영상 페이드 아웃(🖼)**을 클릭합니다.

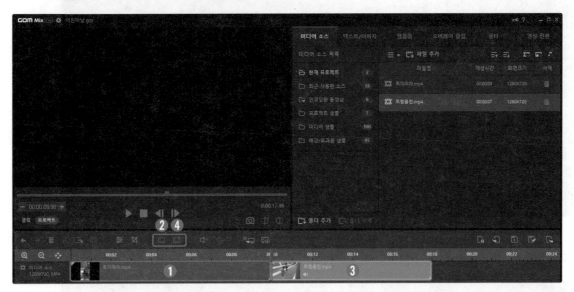

🔔 검은 화면에서 서서히 영상이 나타나게 하는 효과를 페이드 인이라고 하고, 장면이 끝날 때 검은 화면으로 서서히 바뀌는 효과를 페이 드 아웃이라고 합니다.

🔔 적용한 페이드 인 / 아웃 효과를 삭제하려면 해당 영상 클립을 선택하고 영상 페이드 인(🖼)과 영상 페이드 아웃(🖼)을 클릭합니다.

3️⃣ 탐색 바를 드래그하여 동영상의 가장 처음에 위치시키고 **캡쳐(📷)**를 클릭한 후 대화상자가 나타나면 [확인] 버튼 을 클릭합니다.

4️⃣ [미디어 소스] 탭의 목록에 추가된 이미지를 드래그하여 [타임라인]-[미디어 소스]의 가장 앞쪽으로 드래그하여 추 가합니다.

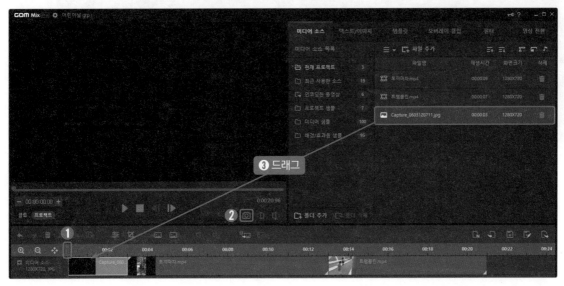

5 이미지의 지속 시간을 지정하기 위해 **[마우스 오른쪽 버튼]-[지속 시간 변경(이미지 타입)]**을 클릭하고 대화상자가 나타나면 지속 시간을 '**00:00:05.00**'으로 지정한 후 [확인] 버튼을 클릭합니다.

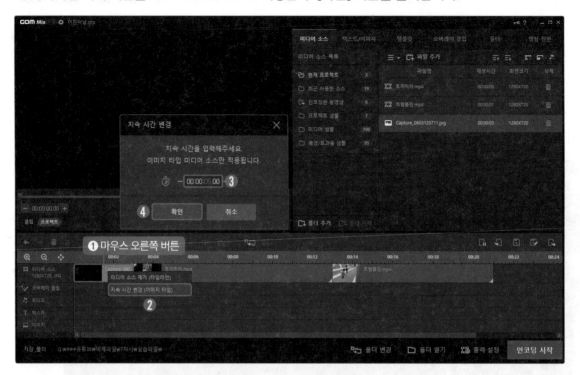

6 인트로 효과를 만들기 위해 **[템플릿] 탭-[타이틀/자막]-[제목 23]**을 선택하고 [적용] 버튼을 클릭합니다.

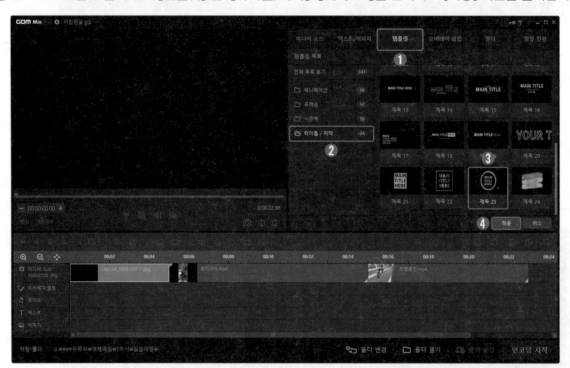

7 [타임라인]-[텍스트]의 텍스트 클립을 더블클릭하면 나타나는 텍스트 수정 창에서 "**신나는 어린이 날!!**"을 줄을 바꿔가며 입력하고 [적용] 버튼을 클릭합니다.

2 자막 추가하고 효과 지정하기

1 [텍스트/이미지] 탭-[텍스트 추가(A+ 텍스트 추가)]를 클릭한 후 "**어린이 날에는 토끼가 끌어주는 마차는 타야죠~! 달려라~~**"를 입력하고 [미리보기] 영역에서 글자를 드래그하여 아래쪽으로 이동합니다.

2 텍스트 스타일(S ▾)을 A 로 지정하고 나타내기에서 '**날아가기(오른쪽에서 왼쪽으로)**'를 선택한 후 시작 시간(◉)을 '**00:00:07.00**'으로, 지속 시간(◉)을 '**00:00:06.00**'으로 지정한 다음 [적용] 버튼을 클릭합니다.

 텍스트 수정 창에서 나타내기와 사라지기 효과를 지정하면 제목이나 자막 등에 다양한 느낌을 만들 수 있습니다.

③ [텍스트/이미지] 탭-[텍스트 추가(...)]를 클릭한 후 "2차는 방방에서 신나게 뛰어요."를 입력하고 [미리보기] 영역에서 글자를 드래그하여 아래쪽으로 이동합니다.

④ 텍스트 스타일(S ▼)을 A로 지정하고 나타내기에서 '닦아내기'를 선택한 후 시작 시간(⌖)을 '00:00:16.00'으로, 지속 시간(⌖)을 '00:00:06.00'으로 지정한 다음 [적용] 버튼을 클릭합니다.

⑤ 세로로 촬영된 영상의 중요한 부분만 보이도록 영상을 크롭해 보겠습니다. [타임라인]-[미디어 소스]에서 '토끼마차.mp4'를 선택하고 탐색 바를 오른쪽으로 약간 이동한 후 **화면 크롭( )**을 클릭합니다.

⑥ 크기 조절점이 나타나면 드래그하여 화면에서 보여질 부분만 남긴 후 [적용] 버튼을 클릭합니다.

🔔 '비율 유지하기'를 해제하면 가로/세로 비율을 자유롭게 지정할 수 있습니다.

🔔 탐색 바를 드래그하여 원하는 부분이 남겨졌는지 확인한 후 [적용] 버튼을 클릭합니다.

🔔 크롭된 장면을 원래대로 되돌리기 위해서는 [크롭 설정] 창에서 [초기화] 버튼을 클릭합니다.

스스로 만들어요

1 가족과 함께 배를 타고 떠나는 여행을 소개하는 동영상을 편집해 보세요. 템플릿으로 인트로를 만들고 페이드 인 / 아웃 효과를 이용해 자연스러운 처음과 끝을 만들어 보세요.

실습파일 : 신나는여행.grp   완성파일 : 신나는여행(완성).grp

① [타임라인]-[미디어 소스]에서 '배타기.mp4' 영상 클립을 선택하고 페이드 인 / 아웃 효과 지정하기

② 재생 위치 시간을 '00:00:00.00'으로 지정하고 캡쳐()를 클릭하여 장면 캡쳐하기

③ 캡쳐 이미지를 [타임라인]-[미디어 소스]의 맨 앞에 추가하고 지속 시간을 '00:00:05.00'으로 변경하기

④ [템플릿] 탭-[애니메이션]-[데코레이션 07]을 선택해 템플릿을 적용하고 "즐거운 여행"으로 텍스트 변경하기(폰트 종류 : Adobe 고딕 Std B, 폰트 크기 : 66, 가운데 맞춤)

⑤ [텍스트/이미지] 탭-[텍스트 추가()]를 클릭해 자막 추가하기

시작 시간	지속 시간	텍스트	나타나기	사라지기
00:00:14.00	00:00:30.00	파도가 너무 높아 멀미가 나요 ㅠㅠ	세로로 늘어났다 나타나기	영역 양쪽으로 사라지기(↕)

⑥ 화면 크롭(⬚)을 이용해 불필요한 부분을 잘라내기

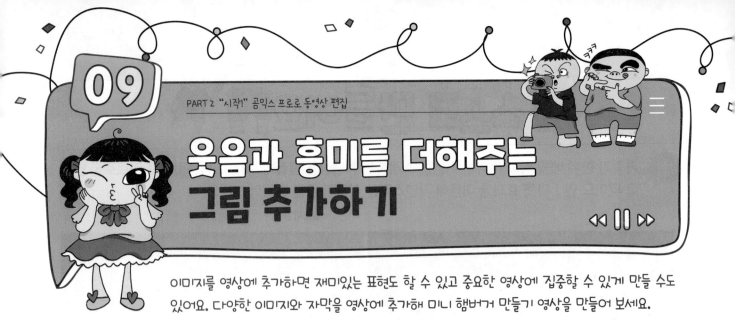

웃음과 흥미를 더해주는 그림 추가하기

이미지를 영상에 추가하면 재미있는 표현도 할 수 있고 중요한 영상에 집중할 수 있게 만들 수도 있어요. 다양한 이미지와 자막을 영상에 추가해 미니 햄버거 만들기 영상을 만들어 보세요.

이번에 배울 내용
▶ 동영상에 맞는 그림을 영상에 추가할 수 있습니다.
▶ 곰믹스 프로에서 제공하는 말풍선 이미지를 추가할 수 있습니다.
▶ 영상 클립을 원하는 방향으로 회전할 수 있습니다.

동영상 미리보기
영상에 텍스트와 이미지를 추가해 인트로를 만들고 곰믹스 프로에서 제공하는 말풍선 이미지와 텍스트를 추가해 과정에 대한 설명을 추가합니다. 잘못 촬영된 영상을 회전시키고 재생 속도를 조절해 재미있는 햄버거 만들기 영상을 만듭니다.

실습파일 : 햄버거만들기.grp   완성파일 : 햄버거만들기(완성).grp

▷ 인트로 자막과 이미지 추가하기

▷ 말풍선 그림을 추가하고 텍스트 설명 추가하기

▷ 영상 클립을 뒤집고 회전시키기

▷ 영상에 맞는 재미있는 애니메이션 이미지 추가하기

1 인트로 제목과 그림 추가하기

☐ '곰믹스 프로' 프로그램을 실행시키고 **불러오기(⟲)**를 클릭하여 '**햄버거만들기.grp**'를 불러옵니다. [타임라인]의
 [미디어 소스]를 살펴보면 4개의 영상 클립과 1개의 이미지 클립이 추가되어 있습니다.

☐ 먼저 영상의 제목을 만들기 위해 **[텍스트/이미지] 탭-[텍스트 추가(A+ 텍스트 추가)]**를 클릭한 후 "**맛있는 미니 버거
 만들기**"를 입력하고 [미리보기] 영역에서 글자를 드래그하여 위로 이동합니다.

☐ 텍스트 스타일(S ▾)을 A로 지정하고 시작 시간(⏱)을 '**00:00:00.00**'으로, 지속 시간(⏱)을 '**00:00:01.60**'
 으로 지정한 후 [적용] 버튼을 클릭합니다.

☐ **[텍스트/이미지] 탭-[이미지 추가(🖼+ 이미지 추가)]-[새 이미지 추가(🖼+ 새 이미지 추가)]**를 클릭하고 [열기] 대화상자
 가 나타나면 '**햄버거.png**'를 선택한 후 [열기] 버튼을 클릭합니다.

⑤ [미리보기] 영역에서 햄버거 이미지를 드래그하여 글자 위로 이동시키고 크기 조절점을 드래그하여 크기를 변경한 후 시작 시간()을 '00:00:00.00'으로, 지속 시간()을 '00:00:01.60'으로 지정한 다음 [적용] 버튼을 클릭합니다.

2 장면마다 재미있는 그림 추가하기

① 말풍선 이미지를 추가하기 위해 [텍스트/이미지] 탭-[이미지 추가(이미지 추가)]-[기본 이미지]를 클릭하고 '말풍선 01'을 클릭해 이미지를 추가합니다.

② [미리보기] 영역에서 말풍선 이미지를 드래그하여 위치를 이동하고 크기를 조절한 후 시작 시간()을 '00:00:14.70'으로, 지속 시간()을 '00:00:03.60'으로 지정한 다음 [적용] 버튼을 클릭합니다.

🔔 추가한 이미지를 삭제하려면 [타임라인]에서 삭제할 이미지 클립을 선택한 후 Delete 를 누릅니다.

③ 설명글을 추가하기 위해 **[텍스트/이미지] 탭-[텍스트 추가(** A+ 텍스트 추가 **)]를 클릭한 후 "미니버거니까 작은 빵으로 준비해요."**를 줄을 바꿔가며 입력합니다. '폰트 크기'를 '36'으로 수정하고 [미리보기] 영역에서 글자를 드래그하여 위치를 이동합니다.

④ 시작 시간(📷)을 '00:00:14.70'으로, 지속 시간(⏱)을 '00:00:03.60'으로 지정한 후 [적용] 버튼을 클릭합니다.

⑤ **[텍스트/이미지] 탭-[이미지 추가(** 🖼 이미지 추가 **)]-[새 이미지 추가(** 🖼 새 이미지 추가 **)]를 클릭하고 [열기] 대화상자가 나타나면 '맛있는햄버거.png'**를 선택한 후 [열기] 버튼을 클릭합니다.

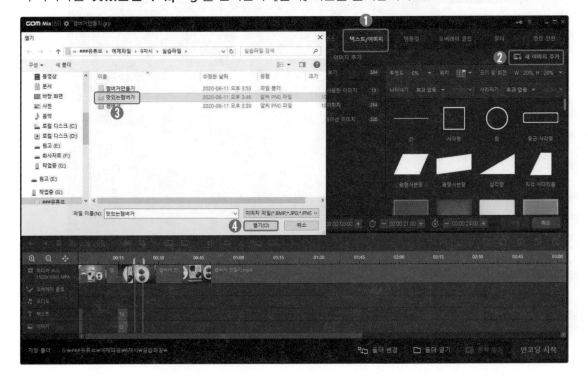

6 [미리보기] 영역에서 햄버거 이미지를 드래그하여 이동시키고 크기 조절점을 드래그하여 크기를 변경한 후 시작 시간(⏱)을 '00:00:21.00'으로, 지속 시간(⏱)을 '00:00:06.00'으로 지정한 다음 [적용] 버튼을 클릭합니다.

7 햄버거를 만드는 과정은 빠르게 보여주기 위해 [타임라인]에서 **세 번째 영상 클립**을 선택하고 **비디오 조정(⊞)**을 클릭합니다.

8 비디오 조정 창이 나타나면 재생 속도를 '4'배속으로 변경하고 [적용] 버튼을 클릭합니다.

⑨ **마지막 영상 클립**을 선택하고 **재생(▶)**을 클릭해 재생해 보면 영상이 뒤집혀 있는 것을 확인할 수 있습니다. 영상을 자연스럽게 보이도록 만들기 위해 **비디오 조정(⚙)**을 클릭하여 비디오 조정 창이 나타나면 반전에서 '**상하**'를 선택한 후 [적용] 버튼을 클릭합니다.

🔔 회전하거나 반전시킨 영상 클립은 [초기화] 버튼을 클릭해 조정하기 전 상태로 되돌릴 수 있습니다.

⑩ 마지막에 만든 햄버거가 맛있다는 것을 표현하기 위해 그림을 추가합니다. **[텍스트/이미지] 탭-[이미지 추가(이미지 추가)]-[애니메이션 이미지]**를 클릭한 후 '**주목 01**'을 선택해 이미지를 추가합니다.

⑪ [미리보기] 영역에서 이미지를 드래그하여 원하는 위치로 이동하고 크기를 조절한 후 회전 조절점을 드래그하여 회전시킵니다. 시작 시간(⏱)을 '**00:01:40.00**'으로, 지속 시간(⏳)을 '**00:00:03.00**'으로 지정한 다음 [적용] 버튼을 클릭합니다.

스스로 만들어요

1 친구들과 그네를 타고 누가 더 높이 올라가는지 시합하는 동영상을 편집해 보세요. 텍스트와 이미지로 인트로를 꾸미고 영상 중간에 그림을 넣어 재미있는 영상을 완성해 보세요.

실습파일 : 그네타기.grp　　완성파일 : 그네타기(완성).grp

 이렇게 만들어요

❶ [텍스트/이미지] 탭-[텍스트 추가(A＋ 텍스트 추가)]를 클릭해 자막 추가하기

시작 시간	지속 시간	텍스트	텍스트 스타일
00:00:00.00	00:00:05.00	그네 높이 타기	A

❷ [텍스트/이미지] 탭-[이미지 추가(📷 이미지 추가)]를 클릭해 이미지 추가하기

시작 시간	지속 시간	이미지
00:00:00.00	00:00:05.00	기본 이미지 – 눈
00:00:14.24	00:00:03.00	애니메이션 이미지 – HAHAHA

❸ 두 번째 영상 클립의 재생 속도를 '4'배속으로 지정하기

❹ [텍스트/이미지] 탭-[이미지 추가(📷 이미지 추가)]와 [텍스트 추가(A＋ 텍스트 추가)]를 클릭해 이미지와 텍스트 추가하기

시작 시간	지속 시간	이미지/텍스트
00:00:33.62	00:00:05.00	기본 이미지 – 말풍선 05
00:00:33.62	00:00:05.00	앗~! 나보다 더 높잖아!

❺ 네 번째 영상 클립을 좌우 반전시키고 재생 속도를 '4'배속으로 지정하기

PART 2 "시작!" 곰믹스 프로로 동영상 편집

영상을 자연스럽게 보이게 하는 전환 효과

곰믹스 프로에서는 여러 영상 클립을 이용해 하나의 영상을 만들 때 각 클립마다 자연스럽게 전환되도록 다양한 효과를 지정할 수 있습니다. 이번 차시에서는 키우고 싶은 애완새를 선택하는 영상을 만들어 보세요.

이번에 배울 내용

▶ 영상 전환 효과를 이용해 영상을 자연스럽게 넘길 수 있습니다.
▶ 템플릿을 이용해 쉽게 인트로를 만들 수 있습니다.
▶ 여러 개의 이미지를 같은 시간에 추가할 수 있습니다.

동영상 미리보기

다양한 장면 전환 효과를 영상 클립에 적용하고 템플릿을 이용해 영상의 인트로를 만들어요. 텍스트와 이미지를 이용해 각 장면마다 재미를 살릴 수 있는 말과 자막을 추가해 보세요.

실습파일 : 애완새고르기.grp   완성파일 : 애완새고르기(완성).grp

▷ 장면 전환 효과 지정하기

▷ 템플릿을 이용해 인트로 만들기

▷ 자막과 이미지로 재미있는 영상 만들기

▷ 여러 개의 이미지를 한 장면에 추가하기

1 영상 전환 효과 적용하기

1 '곰믹스 프로' 프로그램을 실행시키고 **불러오기(🔄)**를 클릭하여 **'애완새고르기.grp'**를 불러온 후 클립이 자연스럽게 연결되도록 전환 효과를 적용하기 위해 [타임라인]–[미디어 소스]에서 **두 번째 영상 클립**을 선택합니다.

2 **[영상 전환] 탭**을 클릭하고 목록에서 **'마름모 닫기'**를 선택한 후 지속 시간(⏱)을 **'02.00'**으로 지정한 다음 [적용] 버튼을 클릭합니다.

🔔 영상 전환 효과는 [타임라인]–[미디어 소스]에 클립이 2개 이상 추가되어야 적용할 수 있으며 첫 번째 클립에는 효과를 지정할 수 없습니다.

3 [타임라인]–[미디어 소스]에서 **세 번째 영상 클립**을 선택합니다. 이어서 **[영상 전환] 탭**을 클릭한 후 목록에서 **'작은 격자 흩뿌리기'**를 선택하고 지속 시간(⏱)을 **'02.00'**으로 지정한 후 [적용] 버튼을 클릭합니다.

🔔 영상 전환 효과를 삭제하려면 영상 전환 목록에서 [효과 없음]을 클릭합니다.

2 템플릿으로 인트로 만들기

1 템플릿을 적용하기 위해 [미리보기] 영역의 재생 위치 시간을 '00:00:00.00'으로 지정하고 **[템플릿] 탭-[애니메 이션]**에서 '**찢으면서 등장**'을 선택한 후 [적용] 버튼을 클릭합니다.

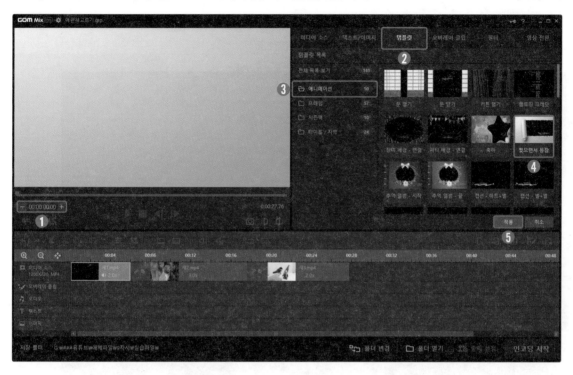

2 템플릿의 텍스트를 변경하기 위해 [타임라인]-[텍스트]에서 추가된 클립을 더블클릭합니다.

3 텍스트 수정 창이 나타나면 텍스트를 "**어떤 새를 키워볼까?**"로 변경하고 [적용] 버튼을 클릭합니다.

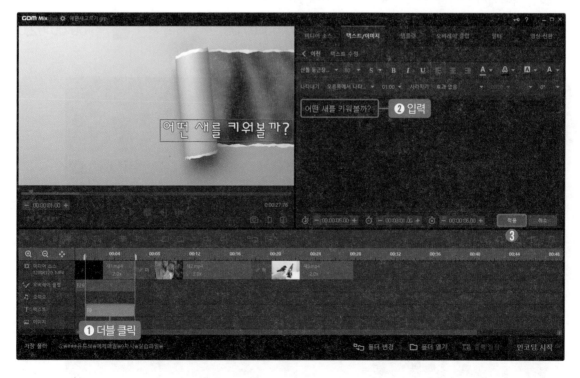

3 텍스트와 이미지로 재미있는 영상 만들기

1️⃣ 앵무새가 자기를 쳐다봐 놀라며 재미있는 말을 하는 장면을 만들어 보겠습니다. 먼저 **[텍스트/이미지] 탭-[이미지 추가(🖼 이미지 추가)]-[애니메이션 이미지]**를 클릭한 후 '**놀람 01**'을 클릭해 이미지를 추가합니다.

2️⃣ [미리보기] 영역에서 이미지를 드래그하여 원하는 위치로 이동하고 시작 시간(📷)을 '**00:00:09.00**'으로, 지속 시간(⏱)을 '**00:00:03.00**'으로 지정한 후 [적용] 버튼을 클릭합니다.

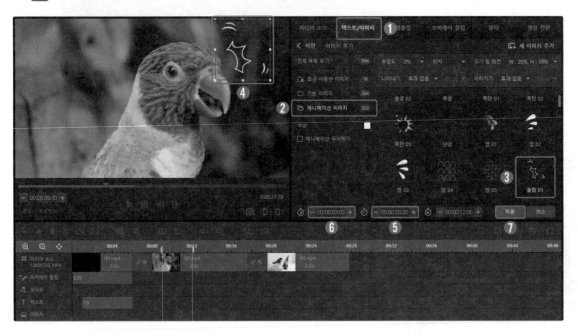

3️⃣ 새가 말하는 글을 추가하기 위해 **[텍스트/이미지] 탭-[텍스트 추가(A＋ 텍스트 추가)]**를 클릭한 후 "**깜짝이야**"를 입력하고 [미리보기] 영역에서 글자를 드래그하여 위치를 이동합니다.

4️⃣ 텍스트 스타일(S ▼)을 A 로 지정하고 시작 시간(📷)을 '**00:00:10.00**'으로, 지속 시간(⏱)을 '**00:00:02.00**'으로 지정한 후 [적용] 버튼을 클릭합니다.

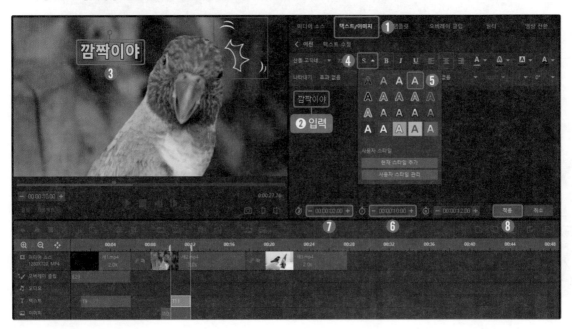

5 재미있는 글을 추가하기 위해 **[텍스트/이미지] 탭-[텍스트 추가(A⁺ 텍스트 추가)]**를 클릭한 후 **"앵무새 처음보냐?"**를 입력하고 [미리보기] 영역에서 글자를 드래그하여 위치를 이동합니다.

6 텍스트 스타일(S ▾)을 **A**로 지정하고 시작 시간(⏱)을 **'00:00:12.00'**으로, 지속 시간(⏱)을 **'00:00:03.00'**으로 지정한 후 [적용] 버튼을 클릭합니다.

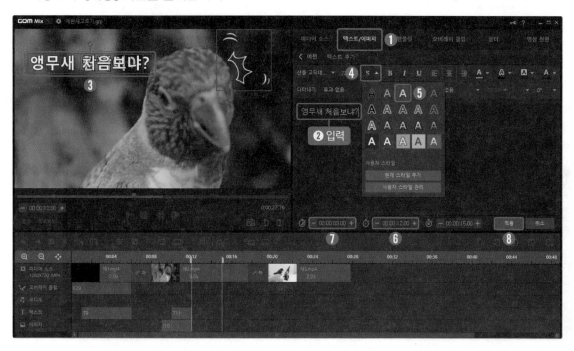

7 다음 클립은 인형이 새를 약 올리면 화가 나서 부리로 쪼아 인형을 넘어뜨리는 장면을 만들어 보겠습니다. 먼저 **[텍스트/이미지] 탭-[이미지 추가(🖼⁺ 이미지 추가)]-[기본 이미지]**를 클릭한 후 **'메롱 01'**을 클릭해 이미지를 추가합니다.

8 [미리보기] 영역에서 이미지를 드래그하여 원하는 위치로 이동하고 크기와 회전을 변경한 후 시작 시간(⏱)을 **'00:00:20.00'**으로, 지속 시간(⏱)을 **'00:00:03.00'**으로 지정한 다음 [적용] 버튼을 클릭합니다.

⑨ 새가 화난 모습을 만들기 위해 **[텍스트/이미지] 탭-[이미지 추가(**  **이미지 추가** **)]-[애니메이션 이미지]**를 클릭한 후 '**화남 03**'을 클릭해 이미지를 추가합니다.

⑩ [미리보기] 영역에서 이미지를 드래그하여 원하는 위치로 이동하고 크기를 변경한 후 시작 시간(⏱)을 '00: 00:21.00'으로, 지속 시간(⏱)을 '00:00:02.00'으로 지정한 다음 [적용] 버튼을 클릭합니다.

⑪ 새가 인형을 부리로 쪼아댈 때 효과를 보여주기 위해 **[텍스트/이미지] 탭-[이미지 추가(** 이미지 추가 **)]-[기본 이미지]**를 클릭한 후 '**BAAAM!**'을 선택해 이미지를 추가합니다.

⑫ [미리보기] 영역에서 이미지를 드래그하여 원하는 위치로 이동하고 크기를 변경한 후 시작 시간(⏱)을 '00: 00:23.50'으로, 지속 시간(⏱)을 '00:00:02.50'으로 지정한 다음 [적용] 버튼을 클릭합니다.

스스로 만들어요

1 물고기가 놀리면 새가 잠수해서 물고기를 쫓고 바다사자가 수영하는 새를 보고 놀라는 영상을 편집해 보세요.

실습파일 : 수영하는 새.grp　　**완성파일** : 수영하는 새(완성).grp

1 첫 번째 클립 : 페이드 인, 세 번째 클립 : 페이드 아웃 지정하기

2 영상 전환 효과 지정하기
- 두 번째 클립 : 위로 연하게 닦아내기(지속 시간 : 03.00)
- 세 번째 클립 : 세로 순차 블라인드(지속 시간 : 02.00)

3 [텍스트/이미지] 탭-[텍스트 추가(🄰 텍스트 추가)]를 클릭해 자막 추가하기

시작 시간	지속 시간	텍스트	텍스트 스타일
00:00:00.00	00:00:02.00	수영하는 신기한 새	🄰
00:00:04.00	00:00:03.00	새가 어떻게 수영을 하냐?	
00:00:13.00	00:00:02.00	다 잡아먹을테다~!	
00:00:20.00	00:00:03.00	실화냐! 새가 나보다 더 수영을 잘하냐ㅠㅠ	

4 [텍스트/이미지] 탭-[이미지 추가(🖼️ 이미지 추가)]를 클릭해 이미지 추가하기

시작 시간	지속 시간	이미지
00:00:07.00	00:00:01.00	기본 이미지 – 놀람
00:00:10.00	00:00:03.00	애니메이션 이미지 – HAHAHA
00:00:17.00	00:00:02.00	애니메이션 이미지 – 느낌표 01

11

필터로 감각 있는 영상 만들기

곰믹스 프로에서 제공하는 필터를 활용하면 영상 클립의 색을 바꾸거나 다양한 느낌의 영상으로 변경할 수 있습니다. 비행기를 타고 떠난 바다 여행 영상을 더 환상적인 느낌으로 편집해 봐요.

이번에 배울 내용

▶ 다양한 필터 효과를 영상에 적용할 수 있습니다.
▶ 영상 전환 효과를 이용해 자연스럽게 영상을 변경할 수 있습니다.
▶ 텍스트와 이미지를 추가해 영상의 내용을 재미있게 만들 수 있습니다.

동영상 미리보기

다양한 필터 효과를 영상 클립에 적용해 스토리를 더 돋보이게 만들고 이미지와 텍스트를 이용해 상황을 설명하는 영상으로 편집해 보세요.

실습파일 : 바다여행.grp   완성파일 : 바다여행(완성).grp

▷ 영상을 작게 만드는 필터 효과를 적용하고 텍스트를 이용해 인트로 제작

▷ 화면이 흔들거리는 필터 효과를 적용하고 그림과 텍스트로 감정을 표현

▷ 흑백 영상에서 컬러 영상으로 바뀌는 필터 효과 적용

▷ 영상의 배경은 흑백이고 원래 영상이 컬러로 보이는 필터 효과를 적용하고 이미지와 텍스트 추가

1 영상에 필터 효과 적용하기

1 '곰믹스 프로' 프로그램을 실행시키고 **불러오기(   )**를 클릭하여 '**바다여행.grp**'를 불러온 후 첫 번째 이미지 클립에 필터 효과를 지정하기 위해 [타임라인]−[미디어 소스]에서 **첫 번째 이미지 클립**을 선택합니다.

2 영상을 작게 보이도록 만들기 위해 **[필터] 탭−[질감형]−[크레딧 쿠키]**를 선택하고 [적용] 버튼을 클릭합니다.

'크레딧 쿠키' 필터를 선택한 후 옵션 설정에서 배경과 테두리 모양을 변경할 수 있으며 화면의 크기와 위치를 변경할 수도 있습니다.

필터 효과가 영상 클립에 적용이 되면 fx가 표시됩니다. 적용한 필터 효과를 편집하거나 삭제하려면 fx 글자를 마우스 오른쪽 버튼으로 클릭해 해당 메뉴를 선택하면 됩니다.

3 첫 번째 영상에 영상 전환 효과를 적용하기 위해 [타임라인]−[미디어 소스]에서 **첫 번째 영상 클립**을 선택한 후 **[영상 전환] 탭−[바람개비]**를 선택하고 [적용] 버튼을 클릭합니다.

4 영상이 흔들거리면서 흐려졌다 또렷해졌다를 반복하도록 만들기 위해 **[필터] 탭-[질감형]-[술취한]**을 선택하고 [적용] 버튼을 클릭합니다.

🔔 필터 목록 아래쪽의 '전체 영상'을 선택하고 [적용] 버튼을 클릭하면 모든 영상 클립에 같은 필터 효과가 적용됩니다.

5 [타임라인]-[미디어 소스]에서 **두 번째 영상 클립**을 선택하고 흑백 영상 위에 컬러 영상이 보이도록 만들기 위해 **[필터] 탭-[질감형]-[오버랩]**을 선택한 후 [적용] 버튼을 클릭합니다.

🔔 '오버랩' 필터를 선택한 후 옵션 설정에서 테두리 모양을 변경할 수 있으며 화면의 크기와 위치를 변경할 수도 있습니다.

6 [타임라인]-[미디어 소스]에서 **세 번째 영상 클립**을 선택하고 흑백 영상에서 컬러 영상으로 변하도록 만들기 위해 **[필터] 탭-[전환형]-[그레이→기본]**을 선택한 후 '**8**'초 동안 전환되도록 설정하고 [적용] 버튼을 클릭합니다.

🔔 '그레이→기본' 필터를 선택한 후 옵션 설정에서 강도를 변경하면 흑백 상태에서의 색감을 변경할 수 있습니다.

🎬 **2 정보를 알려주는 텍스트와 이미지를 추가하기**

1 인트로 제목을 추가하기 위해 **[텍스트/이미지] 탭-텍스트 추가(A+ 텍스트 추가)**를 클릭한 후 "**떠나요~바닷가로~**" 를 입력합니다.

2 텍스트 스타일(S ▼)을 A 로 지정하고 시작 시간(⏱)을 '**00:00:00.00**'으로, 지속 시간(⏱)을 '**00:00:02.00**'으 로 지정한 후 [적용] 버튼을 클릭합니다.

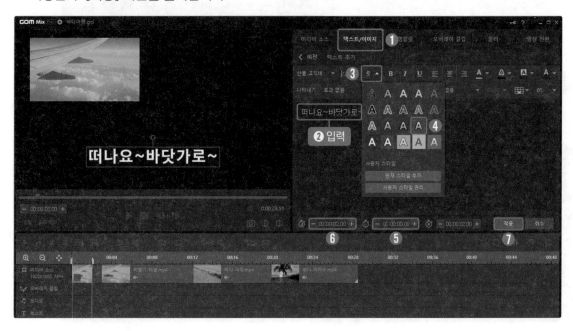

③ 재미있는 글을 추가하기 위해 [텍스트/이미지] 탭-[텍스트 추가(A⁺ᵀ 텍스트 추가)]를 클릭한 후 "비행기 처음 타봄. 울렁 울렁~"을 입력하고 [미리보기] 영역에서 글자를 드래그하여 위치를 이동합니다.

④ 시작 시간(🕐)을 '00:00:05.00'으로, 지속 시간(🕐)을 '00:00:05.00'으로 지정한 후 [적용] 버튼을 클릭합니다.

⑤ 울렁울렁한 느낌을 강조하기 위해 그림을 추가해 보겠습니다. [텍스트/이미지] 탭-[이미지 추가(🖼⁺ 이미지 추가)]-[애니메이션 이미지]를 클릭한 후 '혼돈'을 선택해 이미지를 추가합니다.

⑥ [미리보기] 영역에서 이미지를 드래그하여 원하는 위치로 이동하고 크기를 변경한 후 시작 시간(🕐)을 '00:00:05.00'으로, 지속 시간(🕐)을 '00:00:05.00'으로 지정한 다음 [적용] 버튼을 클릭합니다.

7️⃣ 바닷가에 도착했다는 자막을 추가하기 위해 **[텍스트/이미지] 탭–[텍스트 추가(** A+ 텍스트 추가 **)]**를 클릭한 후 "**드디어 바다에 도착~ 쉬~촤르르**"를 입력하고 [미리보기] 영역에서 글자를 드래그하여 위치를 이동합니다.

8️⃣ 시작 시간(⏱)을 '**00:00:13.00**'으로, 지속 시간(⏱)을 '**00:00:05.00**'으로 지정한 후 [적용] 버튼을 클릭합니다.

9️⃣ 바다를 강조하기 위한 반짝이는 이미지를 추가하기 위해 **[텍스트/이미지] 탭–[이미지 추가(** 📷+ 이미지 추가 **)]–[애니 메이션 이미지]**를 클릭한 후 '**반짝 03**'을 선택해 이미지를 추가합니다.

🔟 [미리보기] 영역에서 이미지를 드래그하여 원하는 위치로 이동하고 크기를 변경한 후 시작 시간(⏱)을 '**00: 00:13.00**'으로, 지속 시간(⏱)을 '**00:00:05.00**'으로 지정한 다음 [적용] 버튼을 클릭합니다.

① 여행에서 촬영한 동영상을 필터, 영상 전환, 이미지, 텍스트로 꾸미고 장면을 재미있게 구성해 보세요.

실습파일 : 가족여행.grp   완성파일 : 가족여행(완성).grp

❶ 필터 및 영상 전환
- 첫 번째 클립 : 필터(질감형 : 노이즈)
- 세 번째 클립 : 필터(질감형 : 화사하게)
  영상 전환(왼쪽으로 당기기)
- 두 번째 클립 : 필터(질감형 : 분할)
- 네 번째 클립 : 필터(질감형 : 물결)

❷ [텍스트/이미지] 탭–[텍스트 추가(A＋ 텍스트 추가)]를 클릭해 자막 추가하기

시작 시간	텍스트	지속 시간	텍스트 스타일
00:00:00.00	가족 여행 출바알~~	00:00:01.80	🅰
00:00:02.00	가족과 떠나는 즐거운 여행	00:00:06.00	🅰(기울임꼴)
00:00:09.00	예쁜 벚꽃 길도 산책하고~	00:00:05.00	
00:00:16.20	뜨거운 온천물이 콸콸~ (나타내기 : 크게 2번 튕기면서 나타나기)	00:00:05.50	🅰

❸ [텍스트/이미지] 탭–[이미지 추가(📷 이미지 추가)]를 클릭해 이미지 추가하기

시작 시간	이미지	지속 시간
00:00:02.00	기본 이미지 – 안녕	00:00:06.00
00:00:09.00	애니메이션 이미지 – 하트 07	00:00:05.00
00:00:15.00	기본 이미지 – 화남	00:00:01.20

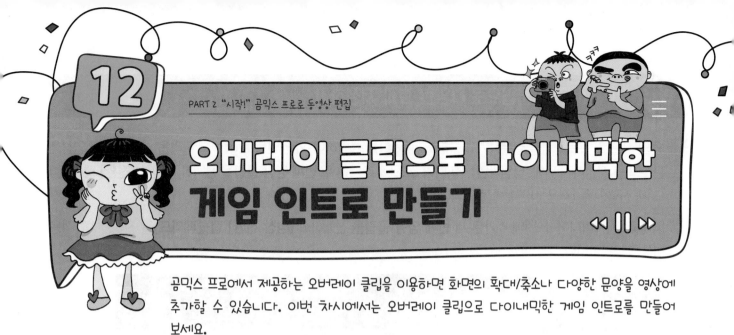

12

오버레이 클립으로 다이내믹한 게임 인트로 만들기

곰믹스 프로에서 제공하는 오버레이 클립을 이용하면 화면의 확대/축소나 다양한 문양을 영상에 추가할 수 있습니다. 이번 차시에서는 오버레이 클립으로 다이내믹한 게임 인트로를 만들어 보세요.

이번에 배울 내용

▶ 영상 전환 효과를 적용해 화면을 자연스럽게 전환시킬 수 있습니다.
▶ 오버레이 클립을 적용할 수 있습니다.
▶ 텍스트와 이미지를 추가해 인트로의 스토리를 표현할 수 있습니다.

동영상 미리보기

각 영상 클립의 장면을 다이내믹하게 만들기 위해 오버레이 클립을 각각 적용하고 영상 전환 효과를 적용해 자연스러운 화면 전환을 만듭니다. 또 이미지와 텍스트를 추가해 스토리와 재미 요소를 추가합니다.

실습파일 : 게임인트로.grp   **완성파일** : 게임인트로(완성).grp

▷ 이미지를 추가하고 사라지기 효과 적용하기

▷ 오버레이 클립을 추가하고 텍스트로 설명 추가하기

▷ 오버레이 클립을 추가하고 이미지와 텍스트로 설명 추가하기

▷ 2개의 오버레이 클립을 추가하고 텍스트로 설명 추가하기

1 오버레이 클립으로 다양한 효과 지정하기

1️⃣ '곰믹스 프로' 프로그램을 실행시키고 **불러오기(🔁)**를 클릭하여 '**게임인트로.grp**'를 불러옵니다. 이어서 영상 전환 효과를 지정하기 위해 [타임라인]-[미디어 소스]에 추가된 **두 번째 영상 클립**을 선택하고 **[영상 전환] 탭-[페이드]**를 선택한 후 [적용] 버튼을 클릭합니다.

2️⃣ [타임라인]-[미디어 소스]에 추가된 **세 번째 영상 클립**을 선택하고 **[영상 전환] 탭-[페이드]**를 선택한 후 [적용] 버튼을 클릭합니다.

3️⃣ 동굴의 문이 열리는 장면을 강조하기 위해 오버레이 클립을 지정해 보겠습니다. **[오버레이 클립] 탭-[이동 및 확대/축소]-[전체 화면 → 위로 클로즈업]**을 선택한 후 [미리보기] 영역에서 클로즈업 될 위치인 노란색 테두리를 드래그하여 크기와 위치를 변경합니다.

4️⃣ 시작 시간(⏱)을 '**00:00:00.00**'으로, 지속 시간(⏱)을 '**00:00:10.00**'으로 지정하고 [적용] 버튼을 클릭합니다.

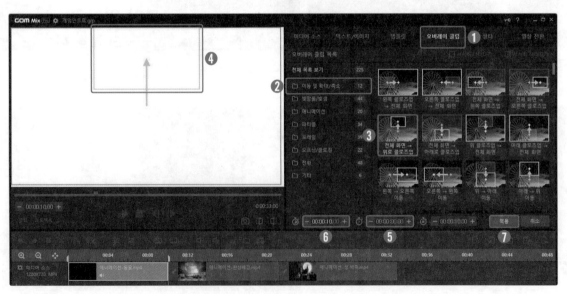

🔔 화면의 크기를 변경하는 오버레이 클립은 시작 화면과 종료 화면일 때 보여 줄 위치와 화면의 크기를 변경할 수 있습니다. 큰 화면은 파란색 테두리를, 작은 화면은 노란색 테두리를 드래그하여 조절합니다.

5 두 번째 영상에서 환상적인 배경을 강조하기 위해 오버레이 클립을 지정해 보겠습니다. **[오버레이 클립] 탭-[빛망울/빛샘]-[빛망울 05]**를 선택한 후 시작 시간(🔘)을 '00:00:11.00'으로, 지속 시간(🔘)을 '00:00:10.00'으로 지정한 다음 [적용] 버튼을 클릭합니다.

6 세 번째 영상 클립에서 박쥐들이 날아오는 장면을 강조하기 위해 오버레이 클립을 지정해 보겠습니다. **[오버레이 클립] 탭-[프레임]-[카툰 프레임 02]**를 선택한 후 시작 시간(🔘)을 '00:00:22.20'으로, 지속 시간(🔘)을 '00:00:08.50'으로 지정하고 [적용] 버튼을 클릭합니다.

7 세 번째 영상 클립에서 인트로가 끝나면서 성을 클로즈업 하기 위해 오버레이 클립을 지정해 보겠습니다. **[오버레이 클립] 탭**-[이동 및 확대/축소]-[전체 화면 → 위로 클로즈업]을 선택한 후 [미리보기] 영역에서 종료 화면인 노란색 테두리를 드래그하여 크기와 위치를 변경합니다.

8 시작 시간(🕐)을 '00:00:30.70'으로, 지속 시간(🕐)을 '00:00:02.30'으로 지정하고 [적용] 버튼을 클릭합니다.

 2 텍스트와 이미지로 영상에 재미 더하기

1 영상의 주제에 맞는 그림을 삽입하기 위해 **[텍스트/이미지] 탭**-[이미지 추가(🖼️ 이미지 추가)]-[기본 이미지]를 클릭한 후 '**해골 이모티콘**'을 선택해 이미지를 추가합니다.

2 [미리보기] 영역에서 이미지를 드래그하여 원하는 위치로 이동하고 크기를 변경한 후 사라지기 효과를 '**서서히 작아지며 사라지기**'로 지정합니다. 시작 시간(🕐)을 '00:00:00.00'으로, 지속 시간(🕐)을 '00:00:01.50'으로 지정한 다음 [적용] 버튼을 클릭합니다.

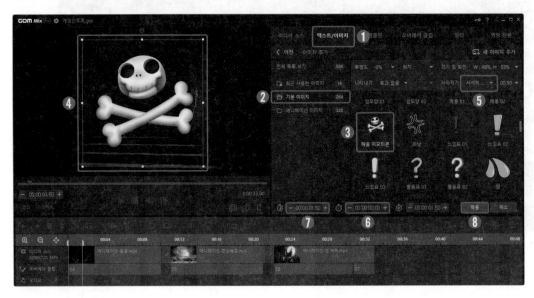

③ 장면에 대한 설명을 자막으로 추가하기 위해 **[텍스트/이미지] 탭-[텍스트 추가(** A+ 텍스트 추가 **)]**를 클릭한 후 **"지옥의 문이 열리고 악마들이 지상으로 탈출한다."**를 줄을 바꾸어 입력하고 드래그하여 위치를 아래로 이동합니다.

④ 텍스트 스타일(S ▼)을 A 로, 사라지기 효과를 **'서서히 사라지기'**로 지정하고 시작 시간(🕐)을 **'00:00:02.00'**으로, 지속 시간(🕐)을 **'00:00:07.00'**으로 지정한 후 [적용] 버튼을 클릭합니다.

⑤ 추가로 자막과 이미지를 추가해 게임 인트로 영상 편집을 완성해 보세요.

· 텍스트 추가(A+ 텍스트 추가) : 화면 아래에 배치

시작 시간	지속 시간	텍스트	사라지기 효과
00:00:11.30	00:00:08.50	천상의 평화로운 모습을 본 악마는 화가 나게 되는데....	서서히 사라지기
00:00:22.40	00:00:08.00	밤이 되자 악마는 박쥐들을 천상으로 보내 전쟁을 시작한다.	서서히 사라지기

· 이미지 추가(🖼+ 이미지 추가) : 화면 왼쪽 아래에 배치

시작 시간	지속 시간	이미지
00:00:11.30	00:00:08.50	악마캐릭터.png(실습파일 폴더)
00:00:11.30	00:00:08.50	애니메이션 이미지 – 화남 03

스스로 만들어요

1 타임머신을 타고 시간 여행을 하는 영상을 편집해 보세요. 텍스트로 자막을 추가하고 필터와 오버레이 클립을 이용해 다양한 효과를 적용해 보세요.

실습파일 : 타임머신.grp   **완성파일** : 타임머신(완성).grp

1 필터 지정하기
  • 두 번째 클립 : 필터(전환형 : 그레이 → 기본)

2 오버레이 클립 적용하기

시작 시간	지속 시간	오버레이 클립
00:00:00.00	00:00:02.80	카툰 프레임 01(프레임)
00:00:07.00	00:00:02.68	전체 화면 → 위로 클로즈업(이동 및 확대/축소)
00:00:13.50	00:00:06.63	불타는 화염(프레임)

3 [텍스트/이미지] 탭-[텍스트 추가(A₊ 텍스트 추가)]를 클릭해 자막 추가하기

시작 시간	지속 시간	텍스트
00:00:00.00	00:00:02.80	타임머신을 타고 떠나는 시간 여행!
00:00:07.00	00:00:02.68	으아악~~~~
00:00:12.00	00:00:04.50	전설의 용이 건물에 불을 뿜는다~

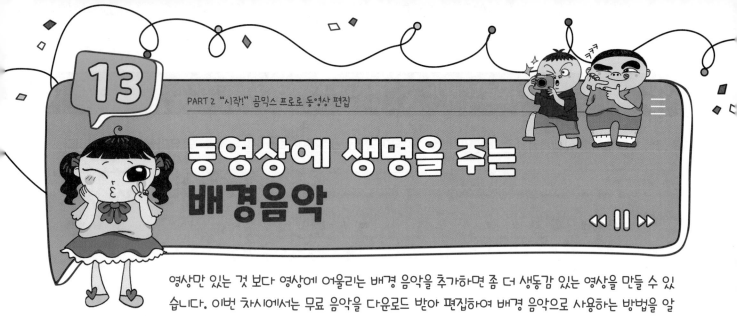

13

동영상에 생명을 주는 배경음악

영상만 있는 것 보다 영상에 어울리는 배경 음악을 추가하면 좀 더 생동감 있는 영상을 만들 수 있습니다. 이번 차시에서는 무료 음악을 다운로드 받아 편집하여 배경 음악으로 사용하는 방법을 알아보겠습니다.

이번에 배울 내용

▶ 무료로 사용할 수 있는 음악을 다운로드 받을 수 있습니다.
▶ 영상에 어울리는 음악을 추가할 수 있습니다.
▶ 영상에 맞게 오디오를 편집할 수 있습니다.

동영상 미리보기

영상에 배경음악을 추가하기 위해 영상을 확인하고 유튜브의 [오디오 보관함]에서 음악을 다운받아 편집한 후 영상에 어울리는지 확인해 생동감 있는 영상으로 만들어 보세요.

실습파일 : 드로잉.grp 완성파일 : 드로잉(완성).grp

▷ 어떤 종류의 음악이 어울릴지 동영상을 감상

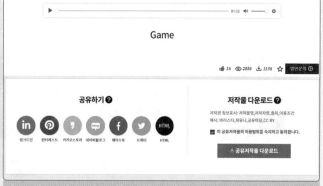

▷ 공유마당에서 음악 다운로드

▷ 타임라인에 음악 추가하고 동영상 길이에 맞게 편집하기

▷ 영상과 음악이 어울리는지 확인하기

1 무료 음악 다운로드 하기

1 크롬 브라우저를 실행시키고 검색어 입력란에 **"공유마당"**을 입력하여 Enter 를 누른 후 **'공유마당'**을 클릭합니다.

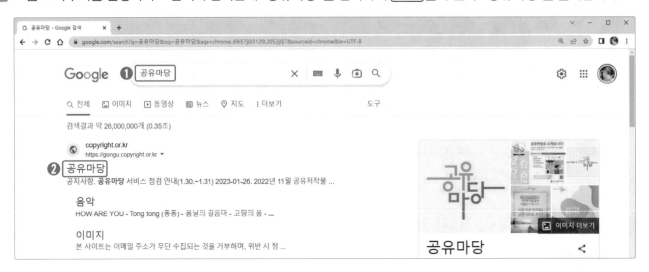

2 [음악] 메뉴를 클릭하여 저작권 종류를 **'기증저작물'**로 선택하고 검색어 입력란에 **"게임"**을 입력하고 **[조회]**를 클릭합니다.

3 음악 목록에서 "Game"의 ▶ 를 클릭해 영상과 어울리는지 들어봅니다. 이어서, 음악의 제목을 클릭하여 다운로드 페이지로 이동합니다.

🔔 영상뿐만 아니라 음악이나 효과음에도 저작권이 있습니다. 저작권이란 영상, 음악, 폰트 등 만든 사람이 주인이라고 인정하고 가치를 보호하는 것입니다. 따라서 인터넷이나 다른 사람의 콘텐츠를 마음대로 사용해서는 안 됩니다.

4 이동된 페이지 하단의 '**이 공유저작물의 이용범위를 숙지하고 동의합니다.**'를 체크하고 [**공유저작물 다운로드**]를 클릭합니다.

5 [저작물 다중 다운로드] 창이 뜨면 'Game.mp3'를 선택하고 [**다운로드**]를 클릭합니다.

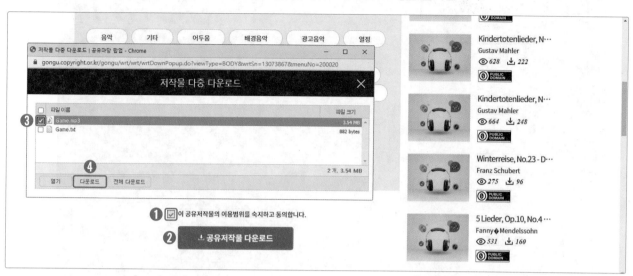

🔔 팝업이 차단되면 검색 주소창 오른쪽의 팝업 차단 표시(⬚)를 클릭하여 'https://gongu.copyright.or.kr에서 팝업 및 리디렉션을 항상 허용'을 선택하고 [완료]를 클릭합니다. 그리고 [설문조사] 창이 뜨면 나이와 목적을 선택하고 [확인] 버튼을 클릭합니다.

2 음악 파일 편집하기

1 다운로드된 음악을 불러오기 위해 곰믹스 프로의 [**미디어 소스**] 탭-[**현재 프로젝트**]-[**파일 추가**]를 클릭한 후 [열기] 대화상자에서 다운로드한 음악 파일을 선택하고 [열기] 버튼을 클릭합니다.

🔔 다운로드된 파일을 미디어 소스 창으로 드래그하여 추가할 수도 있습니다.

2️⃣ 목록에 음악 파일이 추가되면 [타임라인]–[오디오]로 드래그하여 추가한 후 음악 파일을 편집하기 위해 **[선택된 오디오 편집( )]–[편집]**을 클릭합니다.

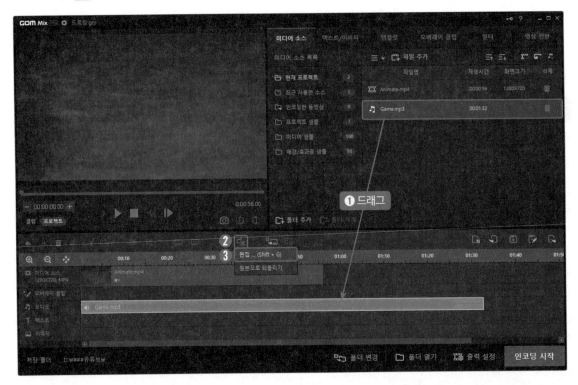

🔔 타임라인에 추가한 오디오 파일의 길이를 자르거나 페이드 인 / 아웃 효과를 지정할 수 있으며 선택한 일부 영역의 소리 크기를 변경할 수도 있습니다.

3️⃣ [오디오 편집기] 창이 나타나면 영상과 음악의 재생 시간을 맞추기 위해 종료구간 선택을 '00:00:56.00'으로 지정한 후 **선택 영역만 유지( )**를 클릭합니다.

🔔 • 선택 영역 제거( ) : 선택된 영역만 제거합니다.
  • 영역 선택 해제( ) : 선택한 영역을 해제합니다.
  • 음량 조절( ) : 선택된 영역의 음량을 지정한 수치로 변경합니다.

④ 영상과 같은 길이로 오디오의 길이를 조절했다면 페이드 인 / 아웃 효과를 지정합니다. **페이드 인( )**을 클릭하여 [페이드 인] 대화상자가 나타나면 [적용] 버튼을 클릭합니다.

⑤ 이어서 **페이드 아웃( )**을 클릭하여 [페이드 아웃] 대화상자가 나타나면 [적용] 버튼을 클릭한 후 편집한 오디오를 저장하기 위해 [오디오 편집기] 창에서 [적용] 버튼을 클릭합니다.

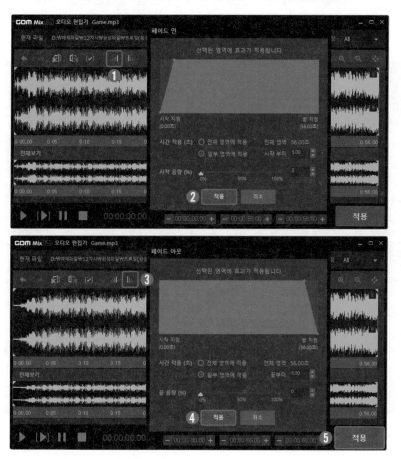

⑥ [미리보기] 영역의 을 클릭하여 영상과 페이드 인 / 아웃이 적용된 오디오가 함께 재생되는지 확인해 봅니다.

스스로 만들어요

1 영상에 어울리는 음악 파일을 곰믹스 프로에서 제공하는 샘플에서 찾아 편집해 동영상을 완성해 보세요.

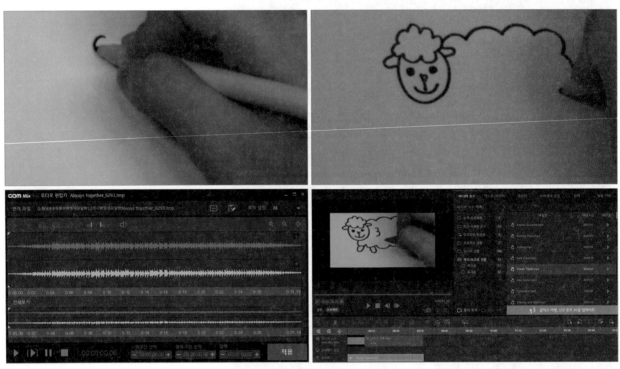

❶ 영상 편집하기
  ▪ 배속 설정 : 재생 속도 '4'배속

❷ 타임라인에 음악 추가하기
  ▪ [미디어 소스] 탭-[배경/효과음 샘플]-[Planet Travel.mp3] 추가

❸ 오디오 편집하기
  ▪ 오디오 길이 자르기 : 종료구간 선택 '00:00:31.20'으로 지정해 선택 영역만 유지
  ▪ 페이드 인 / 페이드 아웃 효과 지정하기

효과음으로 톡톡 튀는 영상 만들기

◁◁ ❙❙ ▷▷

효과음을 이용하면 강조하고 싶은 부분이나 집중도를 높일 수 있어 훨씬 재미있고 톡톡 튀는 영상을 만들 수 있습니다. 곰믹스 프로에서 제공하는 효과음을 이용해 고양이가 집사와 장난치는 재미있는 영상을 만들어 보세요.

이번에 배울 내용

▶ 영상에 맞는 효과음을 추가할 수 있습니다.
▶ 곰믹스 프로에서 샘플로 제공하는 효과음을 추가할 수 있습니다.
▶ 텍스트, 이미지를 추가해 영상을 재미있게 만들 수 있습니다.

동영상 미리보기

고양이와 집사의 코믹한 스토리를 만들기 위해 고양이의 행동이 재밌게 표현되도록 다양한 효과음을 적용하고 이미지와 텍스트를 추가해 동영상을 편집해 보세요.

실습파일 : 고양이놀리기.grp, 징글벨.mp3   완성파일 : 고양이놀리기(완성).grp

▷ 잠자는 고양이를 불러 깨우는 집사. 깨우는 소리에 놀라 일어날 때 효과음과 텍스트, 이미지 적용하기

▷ 다시 잠든 고양이를 깨워 간식을 먹자고 말하는 집사. 고양이가 간식이라는 말에 좋아할 때 효과음과 이미지 적용하기

▷ 텔레비전에 나오는 물고기를 관찰하고 있는 고양이의 마음을 재밌게 표현한 효과음과 이미지 추가하기

그림의 물고기네 이거나 먹어야겠다.

▷ 텔레비전 속 물고기를 포기하고 고양이 장난감을 핥을 때의 기분을 나타내는 효과음과 자막 추가하기

1 고양이가 놀라는 효과음 추가하기

1️⃣ '곰믹스 프로' 프로그램을 실행시키고 **불러오기(🔙)**를 클릭하여 '**고양이놀리기.grp**'를 불러온 후 [미리보기] 영역에서 재생 위치를 '**00:00:03.00**'으로 지정합니다.

2️⃣ 집사가 고양이를 불러 자던 고양이가 놀라서 깨는 장면에 효과음을 추가하기 위해 **[미디어 소스] 탭-[배경/효과음 샘플]-[카툰_놀란 눈01.mp3]**를 [타임라인]-[오디오1]로 드래그하여 추가합니다.

🔔 • 실습 파일에는 [타임라인]에 영상이 추가되어 있으며 영상 전환 효과와 페이드 인 / 아웃 효과가 미리 적용되어 있습니다.

• 오디오를 추가할 때 정확한 시간에 추가하기 위해서는 재생 바를 해당 시간에 위치시킨 후 추가합니다.

🔔 [배경/효과음 샘플]-[배경음] 또는 [배경/효과음 샘플]-[효과음]처럼 하위 폴더를 직접 선택하면 원하는 '배경음' 및 '효과음'을 빠르게 찾을 수 있습니다.

3️⃣ 고양이가 잠에서 깬 장면을 자막으로 표현하기 위해 **[텍스트/이미지] 탭-[텍스트 추가(A⁺ 텍스트 추가)]**를 클릭하고 "**왜 부르냥?**"을 입력한 후 [미리보기] 영역에서 글자를 드래그하여 위치를 이동한 다음 회전시킵니다.

4️⃣ 텍스트 스타일(S ▾)을 **A**로 지정하고 시작 시간(⏱)을 '**00:00:03.00**'으로, 지속 시간(⏱)을 '**00:00:02.20**'으로 지정한 후 [적용] 버튼을 클릭합니다.

5 집사가 잠에서 깬 고양이에게 다시 자라고 해 고양이가 화가 난 것을 표현하기 위해 **[텍스트/이미지] 탭-[이미지 추가(이미지 추가)]-[애니메이션 이미지]**를 클릭한 후 '**폭발**'을 선택해 이미지를 추가합니다.

6 [미리보기] 영역에서 이미지를 드래그하여 원하는 위치로 이동하고 크기를 변경한 후 시작 시간( )을 '00: 00:06.00'으로, 지속 시간( )을 '00:00:02.00'으로 지정한 다음 [적용] 버튼을 클릭합니다.

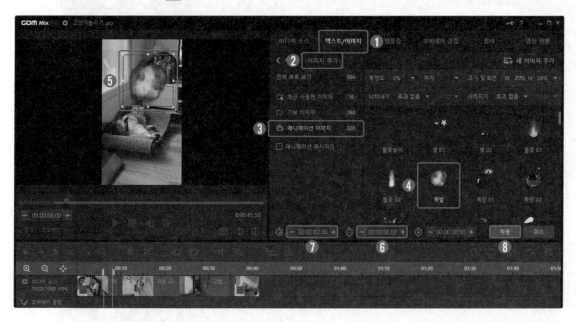

7 집사가 고양이를 불러 자던 고양이가 놀라서 깨는 장면에 효과음을 추가하기 위해 [미리보기] 영역에서 재생 위치를 '00:00:11.00'으로 지정한 후 **[미디어 소스] 탭-[배경/효과음 샘플]-[카툰_놀란 눈01.mp3]**를 [타임라인]-[오디오1]로 드래그하여 추가합니다.

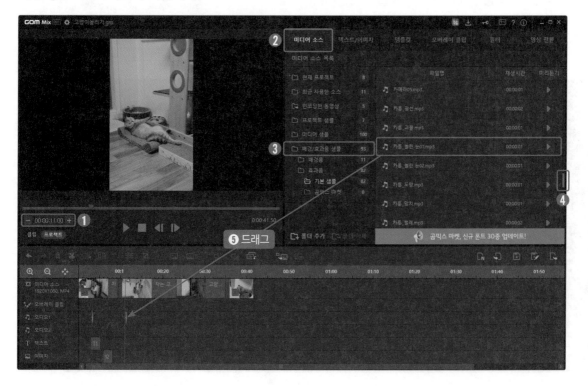

8 집사가 고양이에게 간식 먹자고 말하자 고양이가 벌떡 일어나는 장면을 강조하기 위해 [미리보기] 영역에서 재생 위치를 '00:00:12.90'으로 지정한 후 **[미디어 소스] 탭-[배경/효과음 샘플]-[카툰_도망.mp3]**를 [타임라인]-[오디오1]로 드래그하여 추가합니다.

9 고양이가 간식이라는 말에 좋아하는 표현을 하기 위해 **[텍스트/이미지] 탭-[이미지 추가(이미지 추가)]-[기본 이미지]**를 클릭한 후 '**집중**'을 선택해 이미지를 추가합니다.

10 [미리보기] 영역에서 이미지를 드래그하여 원하는 위치로 이동하고 크기를 변경한 후 시작 시간( )을 '00:00:15.00'으로, 지속 시간( )을 '00:00:07.00'으로 지정한 다음 [적용] 버튼을 클릭합니다.

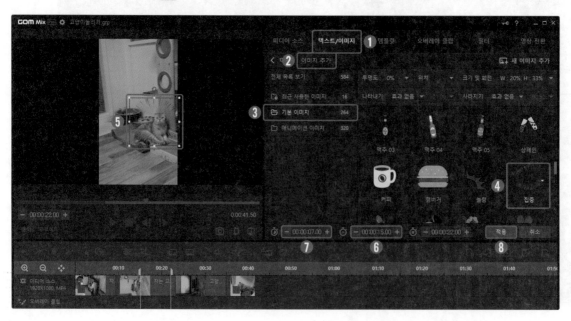

11 아래 내용을 참고하여 영상 스토리에 어울리는 효과음과 이미지, 자막을 추가해 보세요.

· 효과음 추가

재생 위치	효과음
00:00:24.00	[배경/효과음 샘플]–[카툰_비명.mp3]
00:00:40.00	[배경/효과음 샘플]–[카툰_웃음01.mp3]

· 이미지 추가

시작 시간	지속 시간	이미지
00:00:28.10	00:00:05.00	[애니메이션 이미지]–번뜩

· 자막(텍스트) 추가

시작 시간	지속 시간	텍스트
00:00:37:00	00:00:03.00	그림의 물고기네 이거나 먹어야겠다.

3 오디오2 트랙에 배경 음악 추가하기

1 [미디어 소스] 탭–[현재 프로젝트]–[파일 추가]를 클릭한 후 '징글벨.mp3' 파일을 불러와 오디오2 트랙에 추가
합니다. 재생 위치는 '00:00:00.00'으로 지정합니다.

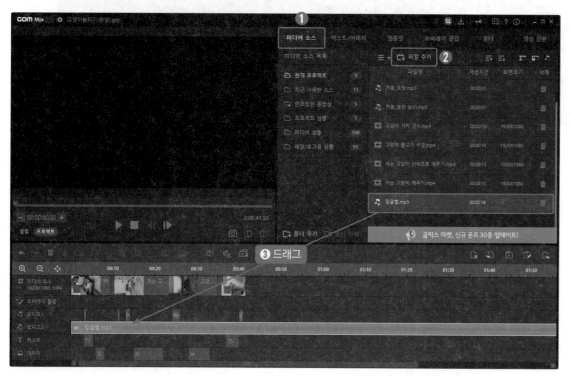

🔔 업데이트 된 곰믹스는 2개의 오디오 트랙을 이용할 수 있어요.

② 먼저, [음량 조절(🔊)]을 클릭하여 '50'으로 낮춰줍니다.

③ 음악 파일을 편집하기 위해 **[선택된 오디오 편집(🔊)]-[편집]**을 클릭합니다.

④ [오디오 편집기] 창이 나타나면 종료구간 선택을 '00:00:42.00'으로 지정한 후 선택 영역만 유지(🔳)를 클릭합니다.

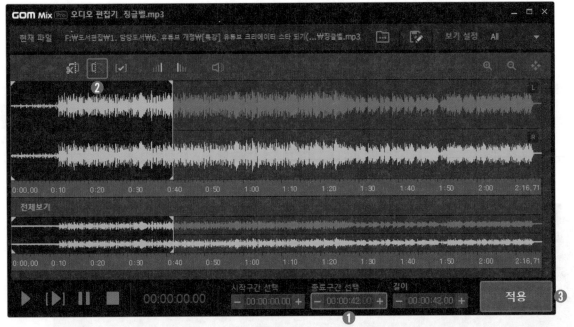

🔔 [오디오 편집기] 창에서 페이드 인(🔳), 페이드 아웃(🔳)을 적용하면 보다 자연스러운 배경 음악을 연출할 수 있어요.

⑤ [미리보기] 영역에서 ▶를 클릭해 영상과 효과음, 자막과 이미지가 잘 어우러져 재미있는 영상이 만들어졌는지 확인해 봅니다.

스스로 만들어요

1 더운 날씨에 공룡이 으르렁 대면서 졸린 영상을 효과음과 텍스트, 이미지를 추가해 완성해 보세요.

실습파일 : 졸린 공룡.grp, 공룡 소리.mp3 완성파일 : 졸린 공룡(완성).grp

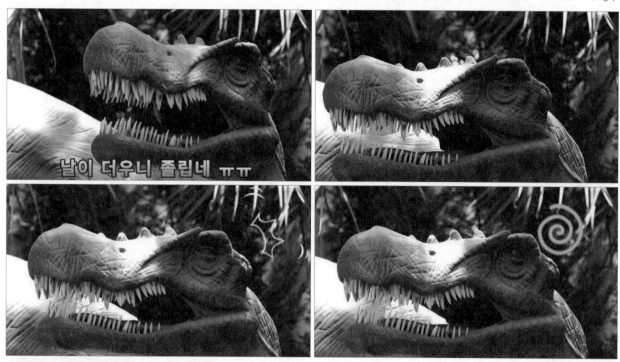

❶ [미디어 소스] 탭-[현재 프로젝트]-[파일 추가]를 클릭해 오디오 추가하기
  ・실습파일 폴더의 '공룡 소리.mp3' 파일을 [타임라인]-[오디오]로 드래그하여 추가하기

❷ 효과음 추가하기

시작 시간	오디오 종료 구간	편집
00:00:00.00	00:00:01.60	[선택된 오디오 편집]을 이용하여 오디오 종료구간까지 선택한 후 선택 영역만 유지
00:00:12.60	00:00:02.50	
00:00:15.48	00:00:03.50	

❸ 곰믹스 프로에서 제공하는 효과음 '풍선.mp3' 추가하기
  ・00:00:04.68, 00:00:07.12, 00:00:10.60, 00:00:21.68, 00:00:24.20

❹ [텍스트/이미지] 탭-[텍스트 추가(**A♬ 텍스트 추가**)]를 클릭해 자막 추가하기

시작 시간	지속 시간	텍스트	텍스트 스타일
00:00:00.00	00:00:03.00	날이 더우니 졸립네 ㅠㅠ	**A**

❺ [텍스트/이미지] 탭-[이미지 추가(**🖼 이미지 추가**)]를 클릭해 이미지 추가하기

시작 시간	지속 시간	이미지
00:00:11.92	00:00:00.72	애니메이션 이미지 – 놀람 01
00:00:20.00	00:00:05.08	애니메이션 이미지 – 헤롱헤롱

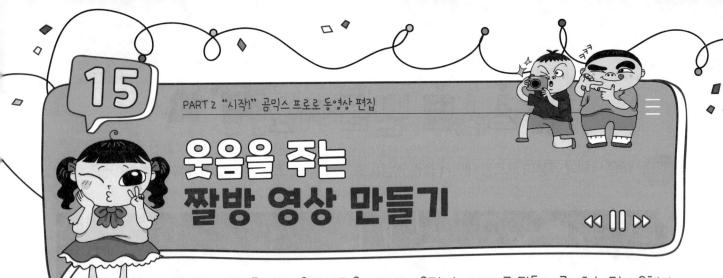

웃음을 주는 짤방 영상 만들기

인터넷에 보면 동영상의 웃긴 장면을 이미지나 움직이는 이미지로 만들어 공개하는 것이 유행이죠. 이번 차시에서는 곰믹스 프로로 웃긴 영상을 편집하고 곰플레이어를 이용해 재미있는 영상에서 웃긴 장면을 움직이는 GIF 이미지로 만들어 보겠습니다.

이번에 배울 내용

▶ 곰믹스 프로를 이용해 짤방 영상을 편집할 수 있습니다.
▶ 오버레이를 이용해 화면을 확대할 수 있습니다.
▶ 곰플레이어를 이용해 움직이는 짤방 이미지를 만들 수 있습니다.

동영상 미리보기

곰믹스 프로에서 풍선을 설치하는 사람 몰래 공을 던져 풍선을 터뜨리는 영상을 편집하고 곰플레이어를 이용하여 움직이는 이미지를 만들어 봅니다.

실습파일 : 짤방영상.grp 완성파일 : 짤방영상(완성).grp, 짤방영상(완성).mp4, 짤방영상(완성).gif

▷ 오버레이를 이용해 사람 쪽으로 확대되면서 영상이 끝나도록 편집

▷ 이미지를 추가해 공이 날아와 풍선이 터지는 것을 보고 화내는 장면을 만들어 인코딩

▷ 인코딩한 영상을 곰플레이어에서 실행시키고 이미지로 캡쳐

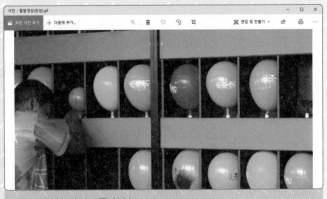

▷ 캡쳐한 이미지를 확인

1 '곰믹스 프로' 프로그램을 실행시키고 **불러오기(🔄)**를 클릭하여 '**짤방영상.grp**'를 불러온 후 [미리보기] 영역에서 재생 위치를 '**00:00:10.40**'으로 지정하고 **동영상 자르기(✂)**를 클릭합니다.

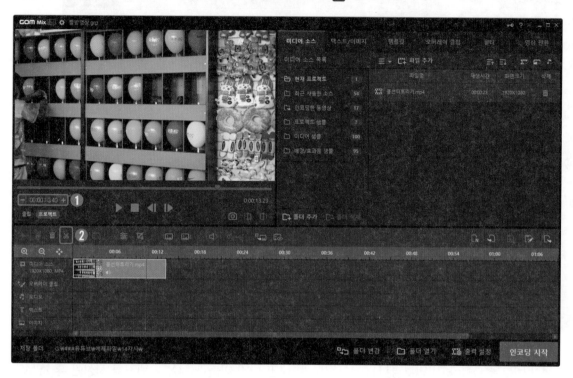

2 [오버레이 클립] 탭-[이동 및 확대/축소]-[전체 화면 → 왼쪽 클로즈업]을 선택하고 [미리보기] 영역에서 '**종료 화면**' 영역 테두리를 사람 얼굴 쪽으로 이동시킨 후 시작 시간(📷)을 '**00:00:10.40**'으로, 지속 시간(⏱)을 '**00: 00:02.83**'으로 지정한 다음 [적용] 버튼을 클릭합니다.

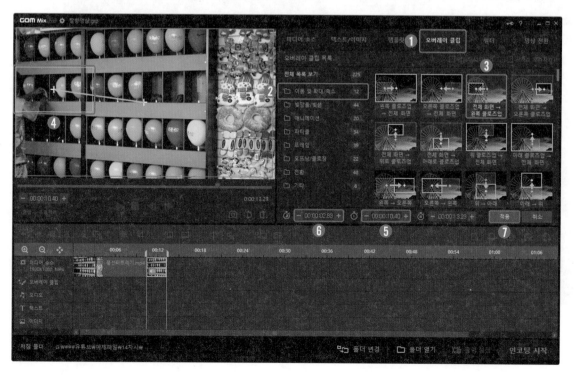

3 [텍스트/이미지] 탭-[이미지 추가]-[애니메이션 이미지]를 클릭하고 '화남' 이미지를 클릭합니다.

4 [미리보기] 영역에서 이미지의 크기와 위치를 변경한 후 시작 시간(📷)을 '00:00:12.50'으로, 지속 시간(⏱)을
'00:00:00.73'으로 지정한 다음 [적용] 버튼을 클릭합니다.

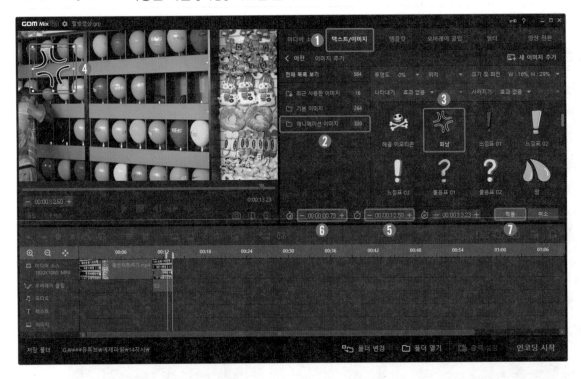

5 [인코딩 시작] 버튼을 클릭하고 [인코딩] 대화상자가 나타나면 파일 이름과 저장할 위치를 지정한 후 [인코딩 시
작] 버튼을 클릭해 mp4 파일로 저장합니다.

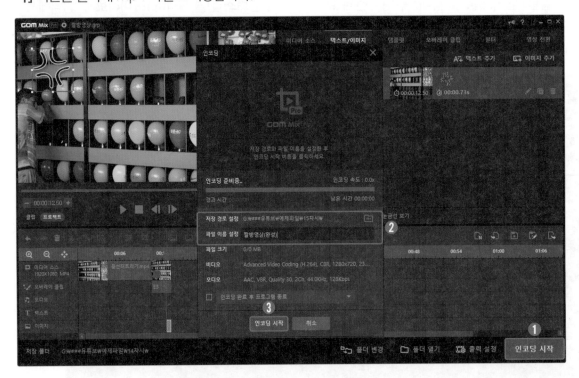

2 곰플레이어에서 움직이는 이미지 만들기

1 곰믹스 프로에서 저장한 동영상 파일을 **곰플레이어**에서 불러온 후 Space Bar 를 눌러 일시 정지시킵니다.

🔔 동영상 뷰어 프로그램인 곰플레이어가 설치되어 있다면 실행 파일을 더블클릭하여 실행하고, 설치되어 있지 않다면 gomlab.com/download에서 다운로드하여 설치합니다.

2 [화면 캡쳐] 대화상자를 열기 위해 Ctrl + G 를 누르고 대화상자가 나타나면 [Ani GIF] 탭을 클릭합니다.

3 FPS를 '5'로, 용량 제한을 '15'로, 시간 제한을 '60'으로 지정하고 **저장할 폴더**를 설정합니다.

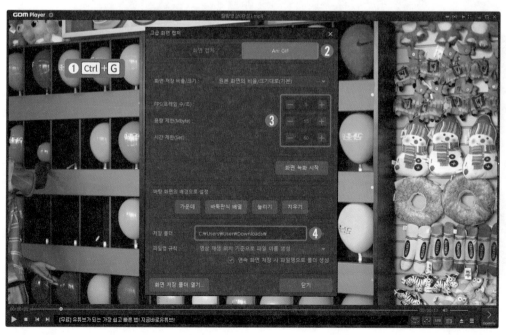

🔔 [화면 캡쳐] 탭은 장면을 각 이미지로 저장하고 [Ani GIF] 탭은 움직이는 GIF 이미지로 캡쳐합니다.

🔔 FPS는 초당 보여주는 이미지의 개수로 '5'라면 1초당 5장의 이미지를 보여주어 움직이는 것처럼 보이게 됩니다. 숫자가 높으면 초당 이미지를 많이 보여주어 자연스럽게 움직이지만 파일의 크기가 커집니다.

4 곰플레이어에서 **재생(▶)**을 클릭해 동영상을 실행하고 **9초** 정도일 때 [고급 화면 캡쳐] 대화상자의 **[화면 녹화 시작]** 버튼을 클릭해 영상을 캡쳐합니다.

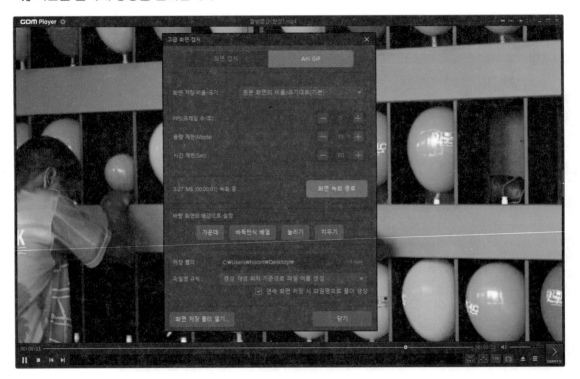

5 영상이 끝나고 캡쳐가 종료되면 저장된 **GIF 파일**을 더블클릭해 움직이는 이미지로 캡쳐되었는지 확인해 보세요.

스스로 만들어요

1 슈퍼맨을 쫓는 원더우먼 영상을 만들어 '화면캡쳐(완성).mp4' 파일로 인코딩해 보세요.

실습파일 : 화면캡쳐.grp   완성파일 : 화면캡쳐(완성).grp

❶ 동영상 클립의 재생 속도를 모두 '2'배속으로 지정
❷ [텍스트/이미지] 탭-[텍스트 추가(A↓ 텍스트 추가)]를 클릭해 자막 추가하기

시작 시간	지속 시간	텍스트	텍스트 스타일
00:00:00.50	00:00:01.50	도망가자~	A
00:00:03.30	00:00:01.50	잡아라~	A

2 '화면캡쳐(완성).mp4' 파일을 곰플레이어에서 연속 이미지로 저장해 보세요.

❶ 곰플레이어에서 영상을 불러와 Ctrl + G 를 누름
❷ [화면 캡쳐] 탭에서 연속 저장 간격을 '0.5'로, 연속 저장 프레임을 '10'으로 지정
❸ 곰플레이어 재생 버튼을 누르고 [고급 화면 캡쳐] 대화상자의 [연속 화면 저장]을 클릭해 화면 캡쳐

나만의 로고 만들고 동영상에 삽입하기

유튜브에 올라온 영상을 살펴보면 채널의 특징을 살린 로고가 영상에 삽입되어 있는 것을 확인할 수 있습니다. 이번 차시에서는 파워포인트의 도형을 이용해 고양이와 집사가 만들어가는 채널의 로고를 만들고 영상에 삽입하는 방법을 알아보겠습니다.

이번에 배울 내용

▶ 파워포인트의 도형을 이용해 자신만의 로고를 만들 수 있습니다.
▶ 도형을 그룹으로 지정하여 투명한 이미지로 저장할 수 있습니다.
▶ 만든 로고를 동영상에 삽입할 수 있습니다.

동영상 미리보기

파워포인트의 도형을 이용하면 다양한 모양을 만들 수 있습니다. 타원과 삼각형, 직선, 다각형 등의 도형을 이용해 고양이 모양을 만들고 채널 이름을 입력한 후 이미지로 저장해 영상에 삽입해 보세요.

실습파일 : 고양이.grp   **완성파일** : 고양이(완성).grp, 로고.png

▷ 파워포인트에서 타원, 삼각형, 직선으로 고양이 얼굴 그리기

▷ 다각형을 이용해 고양이 몸과 꼬리 그리기

▷ 글상자를 이용해 채널 이름 추가하고 도형을 이미지로 저장하기

▷ 영상에 만든 로고를 추가하고 위치 지정하기

1 파워포인트에서 채널 로고 만들기

1 파워포인트를 실행시키고 Ctrl + A 를 눌러 모든 도형들을 선택한 후 Delete 를 눌러 삭제합니다.

2 고양이의 얼굴을 그리기 위해 [삽입] 탭-[일러스트레이션] 그룹-[도형]-[타원(○)]을 선택하고 타원을 그린 후 [그리기 도구-서식] 탭-[도형 스타일] 그룹-[도형 채우기]를 '검정, 텍스트1'로, [도형 윤곽선]을 '윤곽선 없음'으로 지정합니다.

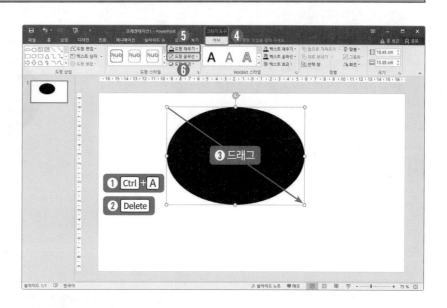

3 고양이 귀를 그리기 위해 [삽입] 탭-[일러스트레이션] 그룹-[도형]-[이등변 삼각형(△)]을 선택하고 삼각형을 그린 후 [그리기 도구-서식] 탭-[도형 스타일] 그룹-[도형 채우기]를 '검정, 텍스트1'로, [도형 윤곽선]을 '윤곽선 없음'으로 지정합니다.

4 이등변 삼각형 도형을 Ctrl+드래그하여 다른 귀도 만듭니다.

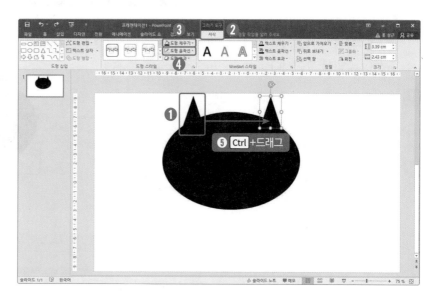

5 고양이 눈을 그리기 위해 [삽입] 탭-[일러스트레이션] 그룹-[도형]-[타원(○)]을 선택하고 타원을 그린 후 [그리기 도구-서식] 탭-[도형 스타일] 그룹-[도형 채우기]를 '흰색, 배경 1'로, [도형 윤곽선]을 '윤곽선 없음'으로 지정합니다.

6 타원 도형을 Ctrl+드래그하여 다른 눈을 만든 후 다시 Ctrl+드래그하여 코를 만들고 크기를 작게 변경합니다.

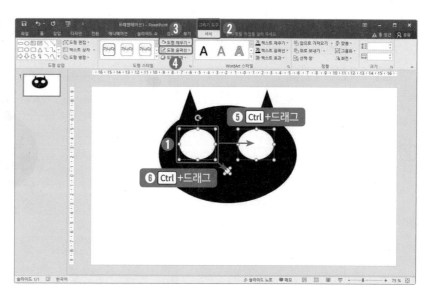

7 고양이 눈동자를 그리기 위해 [삽입] 탭-[일러스트레이션] 그룹-[도형]-[타원(○)]을 선택하고 타원을 그린 후 [그리기 도구-서식] 탭-[도형 스타일] 그룹-[도형 채우기]를 '검정, 텍스트 1'로, [도형 윤곽선]을 '윤곽선 없음'으로 지정합니다.

8 타원 도형을 Ctrl+드래그하여 다른 눈동자를 만듭니다.

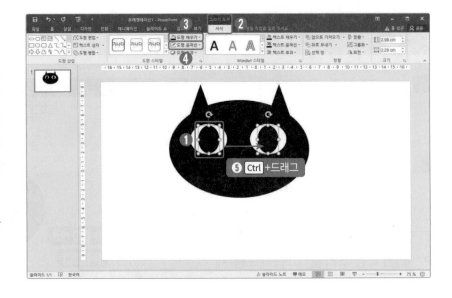

9 고양이 수염을 그리기 위해 [삽입] 탭-[일러스트레이션] 그룹-[도형]-[직선(╲)]을 선택하고 드래그하여 수염을 그립니다.

10 같은 방법으로 수염을 **3개** 더 그린 후 Shift+클릭하여 모두 선택하고 [그리기 도구-서식] 탭-[도형 스타일] 그룹-[도형 윤곽선]을 '검정, 텍스트 1'로 지정합니다.

11 고양이 몸을 그리기 위해 [삽입] 탭-[일러스트레이션] 그룹-[도형]-[곡선(◠)]을 선택하고 각도를 변경할 부분마다 클릭하면서 몸을 완성합니다.

12 고양이 몸을 그린 후 [그리기 도구-서식] 탭-[도형 스타일] 그룹-[도형 채우기]를 '검정, 텍스트 1'로, [도형 윤곽선]을 '윤곽선 없음'으로 지정합니다.

13 고양이 꼬리를 그리기 위해 **[삽입] 탭-[일러스트레이션] 그룹-[도형]-[곡선(⌒)]**을 선택하고 각도를 변경할 부분마다 클릭하다가 마지막에 **Esc**를 눌러 꼬리를 완성합니다.

14 꼬리 도형 위에서 **[마우스 오른쪽 버튼]-[도형 서식]**을 선택하고 선의 색을 '**검정, 텍스트 1**'로, 선의 너비를 '**12pt**'로 지정합니다.

15 채널 제목을 입력하기 위해 **[삽입] 탭-[일러스트레이션] 그룹-[도형]-[텍스트 상자(⬚)]**를 선택하고 고양이 아래쪽에서 클릭한 후 "**로빈과 집사 이야기**"를 입력합니다.

16 텍스트 상자를 선택하고 **[홈] 탭-[글꼴] 그룹-[글꼴]**을 '**HY견고딕**'으로, 글꼴 크기를 '**32**'로 지정한 후 "**로빈**"과 "**집사**"를 각각 드래그하여 글꼴 크기를 '**48**'로 지정합니다.

17 **Ctrl**+**A**를 눌러 모든 도형을 선택하고 **[그리기 도구-서식] 탭-[정렬] 그룹-[그룹화]-[그룹]**을 선택해 그룹으로 지정합니다.

18 도형 위에서 **[마우스 오른쪽 버튼]-[그림으로 저장]**을 선택하고 [그림으로 저장] 대화상자가 나타나면 저장할 위치를 선택한 후 '**로고.png**'로 저장합니다.

🔔 나중에 그림을 수정할 수도 있으니 pptx로도 저장해둡니다.

2 나만의 로고 영상에 삽입하기

1 '곰믹스 프로' 프로그램을 실행시키고 **불러오기(⟲)**를 클릭하여 '**고양이.grp**'를 불러온 후 만든 로고 이미지를 불러오기 위해 **[텍스트/이미지] 탭-[이미지 추가(🖼+ 이미지 추가)]-[새 이미지 추가]**를 클릭합니다.

2 [열기] 대화상자가 나타나면 저장한 '**로고.png**'를 선택하고 [열기] 버튼을 클릭합니다.

🔔 png, 이미지 파일은 투명한 배경으로 저장할 수 있어 도형을 저장했을 때 도형 부분 외에는 투명한 상태로 저장됩니다.

3 [미리보기] 영역에서 로고를 드래그하여 원하는 위치로 이동하고 크기를 변경한 후 시작 시간(⏱)을 '**00:00:00.00**'으로, 지속 시간(⏱)을 '**00:00:23.40**'으로 지정한 다음 [적용] 버튼을 클릭합니다.

1 02차시에서 정한 주제와 채널 이름에 맞는 로고를 스케치해 보세요.

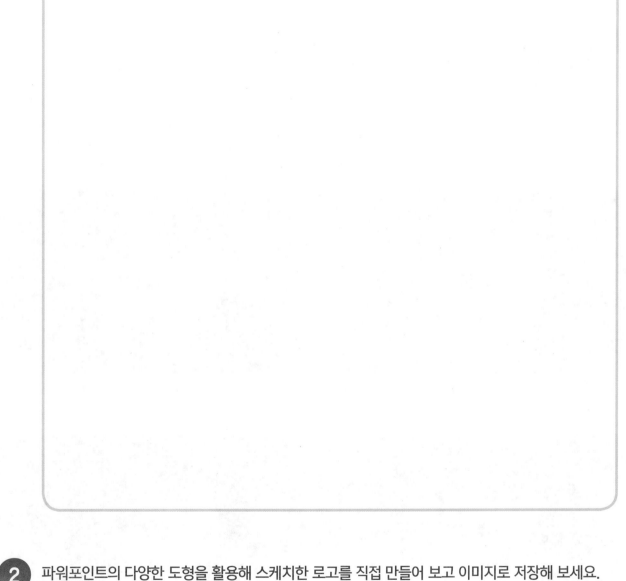

2 파워포인트의 다양한 도형을 활용해 스케치한 로고를 직접 만들어 보고 이미지로 저장해 보세요.

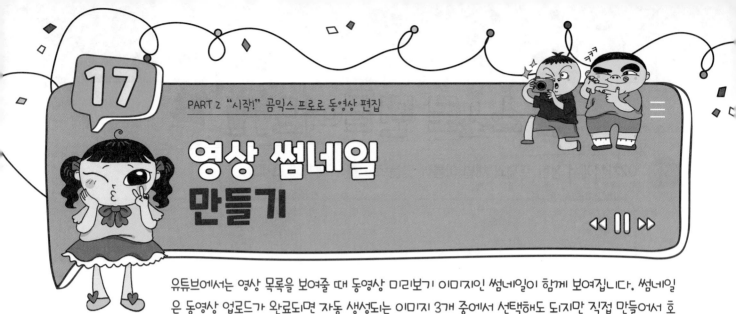

영상 썸네일 만들기

유튜브에서는 영상 목록을 보여줄 때 동영상 미리보기 이미지인 썸네일이 함께 보여집니다. 썸네일은 동영상 업로드가 완료되면 자동 생성되는 이미지 3개 중에서 선택해도 되지만 직접 만들어서 호기심을 불러일으키게 할 수 있습니다. 이번 차시에서는 영상의 특징을 살리는 썸네일 이미지를 만들어 보겠습니다.

이번에 배울 내용

▶ 영상에서 썸네일로 만들 장면을 캡쳐할 수 있습니다.
▶ 곰믹스 프로를 이용해 그림과 오버레이를 적용할 수 있습니다.
▶ 파워포인트를 이용해 썸네일을 완성할 수 있습니다.

동영상 미리보기

곰믹스 프로에서 오버레이 클립과 이미지를 추가해 극적인 효과가 있는 장면을 만들어 캡쳐한 이미지를 파워포인트에서 영상에 맞는 제목과 로고를 추가해 썸네일 이미지로 저장해 보세요.

실습파일 : 고양이 싸움.grp, 로고.png　　완성파일 : 고양이 싸움(완성).grp, 고양이 싸움(완성).pptx

▷ 곰믹스 프로에서 영상 중 썸네일로 만들 이미지를 캡쳐하고 오버레이 클립을 추가

▷ 이미지를 추가해 장면의 재미를 더한 후 해당 장면을 다시 캡쳐하기

▷ 저장한 이미지를 파워포인트에서 삽입하고 도형을 이용해 영상의 제목을 강조

▷ 재미를 위한 텍스트를 추가하고 로고 추가하기

1 곰믹스 프로에서 기본 썸네일 이미지 만들기

1 '곰믹스 프로' 프로그램을 실행시키고 **불러오기(⟲)**를 클릭하여 '**고양이 싸움.grp**'를 불러온 후 [미리보기] 영역 에서 **재생(▶)**을 클릭해 영상을 보면서 썸네일 이미지로 만들 장면을 선택합니다.(재생 위치 : **00:00:20.20**)

2 [**미디어 소스**] **탭**을 선택한 후 **캡쳐(◉)**를 클릭하고 대화상자가 나타나면 [확인] 버튼을 클릭하여 해당 장면을 캡 쳐해 이미지로 만듭니다.

3 목록에 캡쳐된 이미지가 나타나면 [타임라인]-[미디어 소스]의 가장 앞으로 드래그하여 이미지를 추가합니다.

4 싸우는 장면을 역동적으로 보이게 만들기 위해 **[오버레이 클립] 탭-[프레임]-[카툰 프레임 02]**를 선택하고 시작 시간(⏱)을 '00:00:00.00'으로, 지속 시간(⏱)을 '00:00:03.00'으로 지정한 후 [적용] 버튼을 클릭합니다.

5 고양이가 당황하는 장면을 만들기 위해 **[텍스트/이미지] 탭-[이미지 추가(🖼️ 이미지 추가)]-[기본 이미지]**를 클릭한 후 '**땀**'을 선택해 이미지를 추가합니다.

6 [미리보기] 영역에서 이미지를 드래그하여 원하는 위치로 이동하고 크기와 회전을 변경한 후 시작 시간(📷)을 '00:00:00.00'으로, 지속 시간(📷)을 '00:00:03.00'으로 지정한 다음 [적용] 버튼을 클릭합니다.

7 같은 방법으로 **[텍스트/이미지] 탭**-**[이미지 추가(** 🖼 이미지 추가 **)]**-**[기본 이미지]**에서 '**놀람**'과 '**화남**'을 추가한 후 [미리보기] 영역에서 이미지를 드래그하여 원하는 위치로 이동하고 크기와 회전을 변경합니다. 시작 시간(📷)을 '**00:00:00.00**'으로, 지속 시간(📷)을 '**00:00:03.00**'으로 각각 지정합니다.

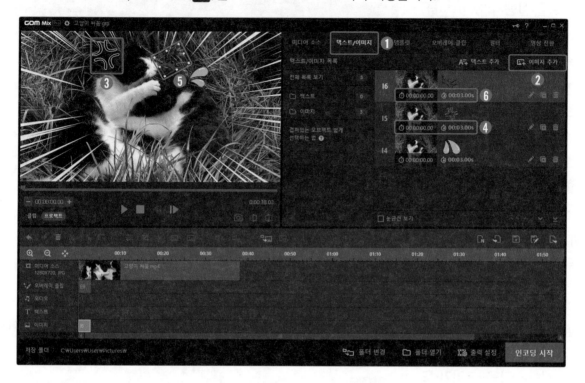

8 썸네일로 사용할 이미지가 완성되었으면 **[미디어 소스] 탭**을 선택한 후 **캡쳐(** 📷 **)**를 클릭하여 해당 장면을 캡쳐해 이미지로 만듭니다.

🔔 캡쳐한 이미지는 화면 아래쪽에 표시되어 있는 저장 폴더에 저장됩니다.

1 파워포인트를 실행시키고 `Ctrl`+ `A`를 눌러 모든 도형을 선택한 후 `Delete`를 눌러 삭제합니다.

2 [삽입] 탭-[이미지] 그룹-[그림] 을 선택해 저장된 캡쳐 이미지를 삽 입한 후 [삽입] 탭-[일러스트레이 션] 그룹-[도형]-[직사각형(□)] 을 선택해 직사각형을 그립니다.

3 직사각형 도형 위에서 [마우스 오 른쪽 버튼]-[도형 서식]을 선택한 후 [채우기]에서 채우기 색은 '자 주', 투명도는 '60%', 선은 '선 없음'으로 지정합니다.

4 직사각형을 선택하고 `Enter`를 눌러 제목을 입력한 후 드래그하여 텍스 트를 모두 선택한 다음 [그리기 도 구-서식] 탭-[WordArt 스타일] 그룹에서 A를 선택합니다.

5 [홈] 탭-[글꼴] 그룹-[글꼴]을 'HY울릉도M'으로, [글꼴 크기]를 '54pt'로 지정합니다.

6 [삽입] 탭-[일러스트레이션] 그 룹-[도형]-[텍스트 상자(🔳)]를 선택하고 고양이 위쪽에서 클릭한 후 "더는 못참겠다! 야아아옹"을 입력한 다음 [그리기 도구-서식] 탭-[WordArt 스타일] 그룹에서 A를 선택합니다.

7 텍스트 상자를 선택하고 [홈] 탭- [글꼴] 그룹-[글꼴]을 'HY울릉도 M'으로, [글꼴 크기]를 '24pt'로 지정한 후 회전 핸들을 드래그하여 텍스트 상자를 회전시킵니다.

8 [삽입] 탭-[이미지] 그룹-[그림] 을 선택해 저장한 '**로고.png**' 이미지를 삽입한 후 드래그하여 크기와 위치를 조절합니다.

9 완성된 썸네일을 저장하기 위해 [**파일**] 탭-[**다른 이름으로 저장**]-[**찾아보기**]를 선택합니다.

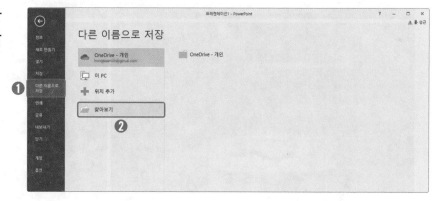

10 [다른 이름으로 저장] 대화상자가 나타나면 저장할 위치와 파일 이름을 지정하고 파일 형식을 '**JPEG 파일 교환 형식**'으로 지정한 후 [저장] 버튼을 클릭합니다.

🔔 나중에 그림을 수정할 수도 있으니 pptx로도 저장해둡니다.

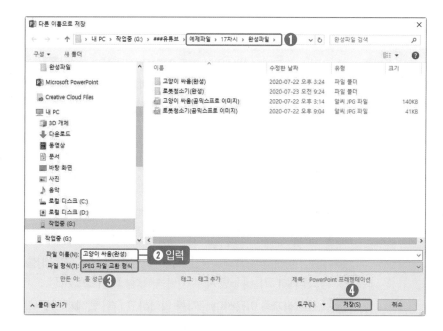

11 저장할 슬라이드를 선택하는 대화상자가 나타나면 [**현재 슬라이드만**] 버튼을 클릭하여 저장을 완료합니다.

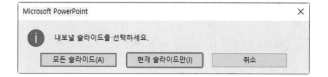

스스로 만들어요

1 로봇청소기가 청소를 하는 동영상의 썸네일을 곰믹스 프로와 파워포인트를 이용해 만들어 보세요.

실습파일 : 로봇청소기.grp　　완성파일 : 로봇청소기(완성).grp, 로봇청소기(완성).pptx

❶ 곰믹스 프로에서 썸네일로 만들 장면을 선택하고 캡쳐(📷)를 클릭해 캡쳐한 후 [오버레이 클립] 탭-[애니메이션]-[스포트라이트] 선택

❷ [텍스트/이미지] 탭-[이미지 추가(🖼️ 이미지 추가)]를 클릭해 이미지 추가하기

시작 시간	지속 시간	이미지
00:00:00.00	00:00:03.00	기본 이미지 - 눈
00:00:00.00	00:00:03.00	기본 이미지 - 별똥별 02

❸ 완성한 장면을 캡쳐(📷)를 클릭해 캡쳐하여 저장

❹ 파워포인트에서 [삽입] 탭-[이미지] 그룹-[그림]을 선택해 저장된 캡쳐 이미지를 삽입

❺ [삽입] 탭-[일러스트레이션] 그룹-[도형]-[대각선 줄무늬]를 삽입한 후 [그리기 도구-서식] 탭-[도형 스타일] 그룹-[도형 채우기]-[녹색, 강조 6]으로 지정

❻ 텍스트 상자를 이용하여 글자를 입력하고 [홈] 탭에서 글꼴을 'HY강B', 글꼴 크기를 '28pt', 굵게, 글자 색을 '흰색, 배경 1'로 지정

❼ 텍스트 상자를 이용하여 글자를 입력하고 [그리기 도구-서식] 탭-[WordArt 스타일] 그룹에서 A를 선택한 후 글꼴을 'HY견고딕', 글꼴 크기를 '52pt'로 지정

❽ JPEG 형식의 썸네일 이미지로 저장

18

채널의 특징을 알리는 인트로 만들기

유튜브에 올라온 영상을 보면 영상이 시작할 때나 영상 중간에 채널의 특징을 보여주는 재미있는 영상이나 이미지들을 볼 수 있습니다. 이번 차시에서는 고양이와 집사가 만들어가는 채널의 특징을 보여주는 인트로를 만들어 보겠습니다.

이번에 배울 내용

▶ 파워포인트 애니메이션을 이용해 움직임을 만들 수 있습니다.
▶ 파워포인트 슬라이드를 동영상으로 저장할 수 있습니다.
▶ 곰믹스 프로에서 이미지와 효과음을 추가해 인트로를 만들 수 있습니다.

동영상 미리보기

파워포인트에서 고양이 그림을 도형에 삽입하여 애니메이션을 지정해 동영상으로 저장하고 곰믹스 프로에서 텍스트와 이미지, 효과음을 추가하여 재미있는 인트로 영상을 만들어 보세요.

실습파일 : 인트로.pptx, 간식.mp3, 로빈.mp3, 잠자는고양이1.jpg, 잠자는고양이2.jpg   완성파일 : 인트로(완성).grp, 인트로(완성).pptx

▷ 파워포인트에서 도형에 그림을 삽입하고 애니메이션을 적용

▷ 파워포인트에서 슬라이드를 동영상으로 저장

▷ 곰믹스 프로에서 저장한 동영상을 추가해 텍스트와 오디오 추가

▷ 이미지와 오디오를 추가해 인트로 완성

1 파워포인트 프로그램을 실행시키고 **[파일] 탭-[열기]**를 클릭해 '실습 파일' 폴더에서 '**인트로.pptx**'를 엽니다.

2 **[삽입] 탭-[일러스트레이션] 그룹-[도형]-[타원(○)]**을 선택하고 Shift +드래그하여 원을 그린 후 도형 위에서 **[마우스 오른쪽 버튼]-[도형 서식]**을 선택합니다.

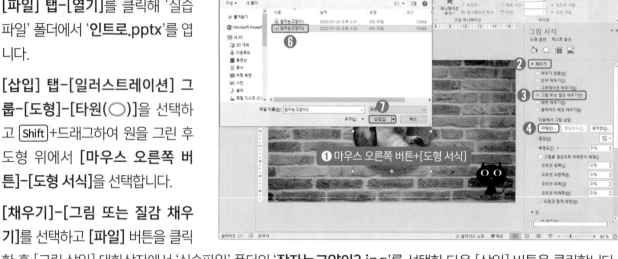

3 **[채우기]-[그림 또는 질감 채우기]**를 선택하고 **[파일]** 버튼을 클릭한 후 [그림 삽입] 대화상자에서 '실습파일' 폴더의 '**잠자는고양이2.jpg**'를 선택한 다음 [삽입] 버튼을 클릭합니다.

4 **[선]-[실선]**을 선택하고 **[색]**의 **스포이트(✏)**를 선택한 후 **벽돌**을 클릭해 선 색을 변경한 다음 너비를 '**4.25pt**'로 지정합니다.

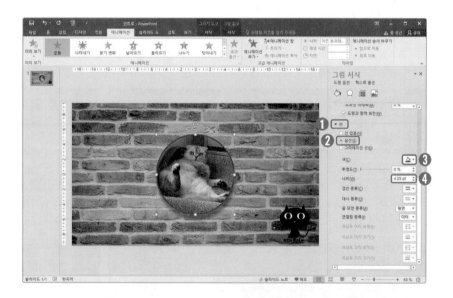

5 그림이 삽입된 도형을 선택하고 Ctrl + D 를 눌러 복제한 후 도형이 겹치도록 이동합니다.

6 **[채우기]-[그림 또는 질감 채우기]**를 선택하고 **[파일]** 버튼을 클릭한 후 [그림 삽입] 대화상자에서 '실습파일' 폴더의 '**잠자는고양이1.jpg**'를 선택한 다음 [삽입] 버튼을 클릭합니다.

7 복제된 도형이 선택된 상태에서 [애니메이션] 탭-[애니메이션] 그룹-[사라지기]를 선택하고 [타이밍] 그룹-[시작]에서 '이전 효과와 함께'를, 지연을 '03.00'으로 지정합니다.

🔔 앞에 있는 도형은 고양이가 잠자는 그림이, 뒤에 있는 도형은 놀라 깬 그림이 삽입되어 있습니다. 사라지는 애니메이션을 3초 후 자동으로 실행되도록 지정하였으므로 잠자는 고양이가 3초 후에 놀라서 깨는 장면이 만들어집니다.

8 작성한 슬라이드를 동영상으로 만들기 위해 [파일] 탭-[내보내기]-[비디오 만들기]-[비디오 만들기]를 선택한 후 원하는 위치에 동영상을 저장하고 pptx로도 저장합니다.

🔔 '각 슬라이드에 걸린 시간(초)' 항목의 초를 변경하면 동영상의 길이를 조절할 수 있습니다.

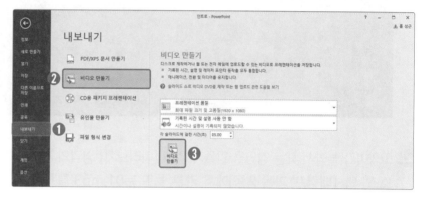

🎬 2 곰믹스 프로에서 인트로 완성하기

1 '곰믹스 프로' 프로그램을 실행시키고 [미디어 소스] 탭-[파일 추가]를 선택한 후 파워포인트에서 저장한 **인트로 동영상 파일**과 '실습파일' 폴더의 '**간식.mp3**', '**로빈.mp3**' 파일을 추가합니다.

2 목록에서 파워포인트에서 저장한 동영상 파일을 [타임라인]-[미디어 소스]로 드래그하여 추가합니다.

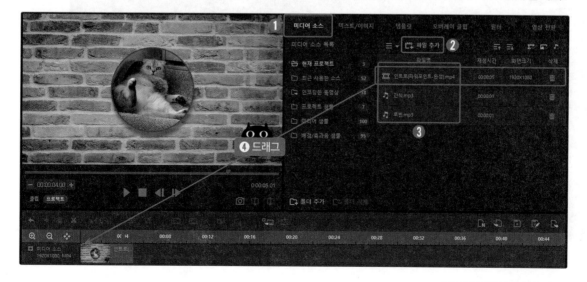

3 고양이를 불러서 깨우는 장면을 만들기 위해 [미리보기] 영역의 재생 위치를 '00:00:01.00'으로 지정하고 목록에 있는 '로빈.mp3'를 [타임라인]–[오디오]로 드래그하여 추가합니다. 이어서 '간식.mp3'를 뒤쪽에 추가합니다.

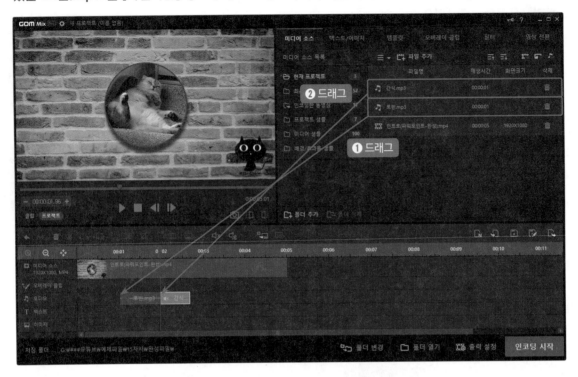

4 고양이가 놀라서 깨는 장면을 만들기 위해 [미리보기] 영역의 재생 위치를 '00:00:03.00'으로 지정하고 [미디어 소스] 탭–[배경/효과음 샘플]에서 '카툰_놀란 눈01.mp3'를 [타임라인]–[오디오]로 드래그하여 추가합니다.

5 간식 얘기에 일어나는 고양이가 웃긴 장면을 강조하기 위해 [미리보기] 영역의 재생 위치를 '00:00:04.02'로 지정하고 [미디어 소스] 탭–[배경/효과음 샘플]에서 '카툰_웃음02.mp3'를 [타임라인]–[오디오]로 드래그하여 추가합니다.

6 고양이 집사가 '로빈'과 '간식'이라고 말할 때 맞춰 텍스트를 추가하기 위해 [텍스트/이미지] 탭-[텍스트 추가 (Aᆦ 텍스트 추가)]를 클릭하여 텍스트를 입력한 후 [미리보기] 영역에서 글자를 드래그하여 위치를 이동하고 회전시킵니다.

시작 시간	지속 시간	글꼴	텍스트	텍스트 스타일(S ▾)
00:00:01.00	00:00:01.90	산돌 둥근장식m	로빈~~	A
00:00:01.90	00:00:01.00	산돌 둥근장식m	간식~~	A

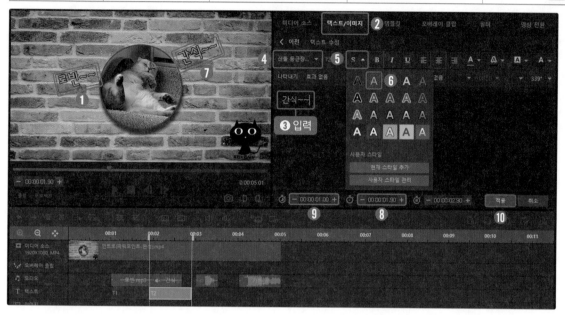

7 장면을 부각시키기 위해 [텍스트/이미지] 탭-[이미지 추가(G+ 이미지 추가)]를 클릭해 이미지를 추가하고 [미리보기] 영역에서 이미지를 드래그하여 위치를 이동한 후 크기를 변경합니다.

시작 시간	지속 시간	이미지
00:00:03.00	00:00:01.00	애니메이션 이미지 – 느낌표 01
00:00:04.00	00:00:01.00	애니메이션 이미지 – ㅋㅋㅋ

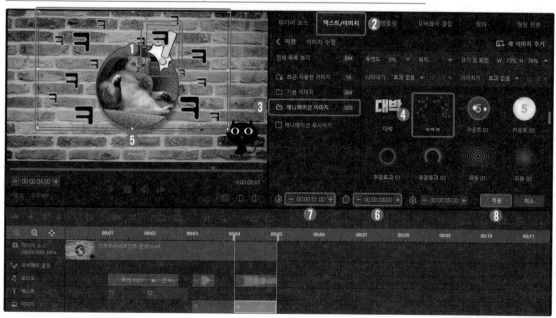

스스로 만들어요

1 여러분이 생각했던 채널의 특징을 돋보이게 할 수 있는 인트로의 장면을 생각해 그려 보세요.

2 무료 이미지와 효과음 사이트에서 이미지와 효과음을 다운로드 받아 여러분 채널의 인트로를 만들어 보세요.

- 무료 이미지 사이트 : pixabay.com
- 무료 효과음 사이트 : freesfx.co.uk

유튜브 채널 만들기와 업로드

▶ 나만의 채널 개설하기

1 유튜브 웹사이트에 접속하여 로그인한 다음 오른쪽 상단의 프로필을 클릭하고 [채널 만들기]를 선택합니다.

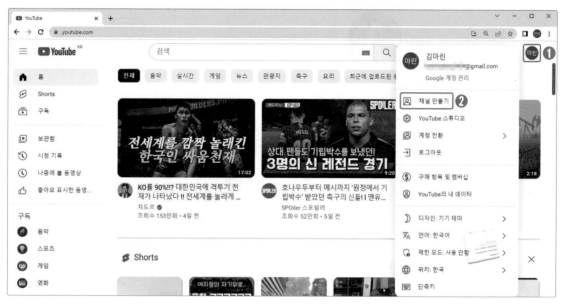

🔔 유튜브 가입 후 로그인은 개별적으로 진행합니다.

2 원하는 유튜브 채널의 이름을 입력합니다. 핸들은 채널의 고유 아이디이며, 중복된 정보를 기입할 수 없습니다.

유튜브 채널 만들기와 업로드

▶ 컨셉을 보여주기 위한 채널 꾸미기

1 유튜브 채널의 성격과 어떤 동영상을 올릴지 한눈에 보여주기 위해 프로필 사진과 배너 아트를 변경합니다. 채널 첫 페이지에서 [채널 맞춤설정] 버튼을 클릭합니다.

2 [채널 맞춤설정] 창에서 [브랜딩] 탭을 클릭하고 프로필 사진, 배너 이미지 등을 변경할 수 있어요. 이미지 업로드가 완료되면 [게시]를 클릭합니다.

🔔 이미지 업로드 시 제안하는 가이드에 맞추어 작업합니다.

🔔 프로필 사진은 98×98 픽셀 이상, 배너 이미지는 2048×1152 픽셀 이상을 권장합니다.

▶ 동영상 업로드하기

1 채널 첫 페이지에서 [동영상 관리] 버튼을 클릭합니다.

2 동영상을 추가하기 위해 [만들기]-[동영상 업로드]를 클릭하여 업로드할 동영상을 불러옵니다.

3 동영상의 정보를 기재하여 업로드를 완료할 수 있습니다.

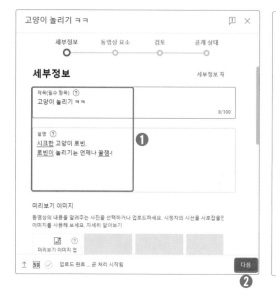

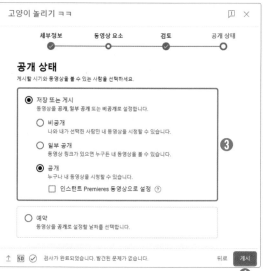

유튜브 채널 만들기와 업로드

▷ 채널 재생목록 만들기

1 채널 첫 페이지에서 [동영상 관리] 버튼을 클릭합니다.

2 [만들기]-[새 재생목록]을 클릭하여 동영상 재생목록을 추가할 수 있습니다.

🔔 채널에 업로드 된 동영상의 개수가 많아지면 재생목록을 추가하여 관리하는 것이 편리할 거예요.

PART 3

"도전!"
테마에 맞추어
동영상 편집

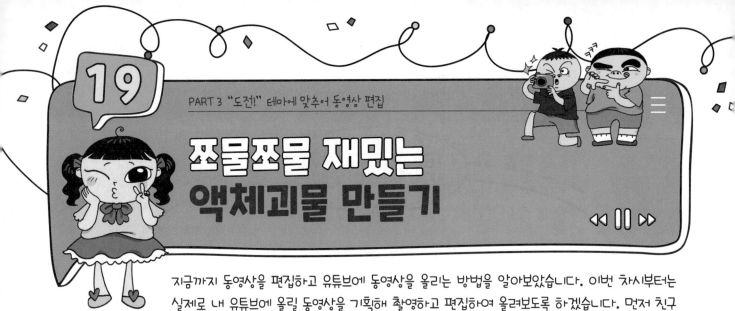

PART 3 "도전!" 테마에 맞추어 동영상 편집

쪼물쪼물 재밌는 액체괴물 만들기

지금까지 동영상을 편집하고 유튜브에 동영상을 올리는 방법을 알아보았습니다. 이번 차시부터는 실제로 내 유튜브에 올릴 동영상을 기획해 촬영하고 편집하여 올려보도록 하겠습니다. 먼저 친구들이 좋아하는 슬라임 영상 만들기 영상을 만들어 보아요.

이번에 배울 내용
▶ 액괴 만들기 콘텐츠를 기획하고 콘티를 작성할 수 있습니다.
▶ 영상에 텍스트와 이미지, 오디오를 추가할 수 있습니다.
▶ 영상 속도를 조절하고 영상 페이드 인 / 아웃을 설정할 수 있습니다.

동영상 미리보기 콘티에 맞는 영상으로 영상의 제목과 로고를 추가하고 중요하지 않은 부분은 영상 속도를 조절해 빠르게 보여줍니다. 과정별로 텍스트와 이미지로 설명을 추가하여 액괴 만들기 콘텐츠를 완성합니다.

실습파일 : 액체괴물만들기.grp, 로고.png　　완성파일 : 액체괴물만들기(완성).grp

▷ 로고와 영상 제목 추가하기

▷ 동영상에 포인트가 되는 이미지 추가하기

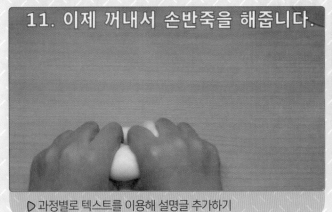
▷ 과정별로 텍스트를 이용해 설명글 추가하기

▷ 영상 페이드 인 / 아웃 효과 지정하기

1 촬영 준비하기

▶ 콘텐츠 기획하기

콘텐츠 제목	
콘텐츠 시청자 대상	
콘텐츠 소개	
콘텐츠 내용	
다른 샘플 영상	
촬영 시 주의할 점	
촬영 시 준비물	

촬영할 영상의 시간 순서대로 간략하게 그림과 글로 표현해 보세요.

2 액체괴물 만들기 동영상 만들기

여러분이 촬영한 동영상이 있다면 곰믹스 프로를 활용해 직접 편집해 보세요.

▷ 영상 자르고 속도 조절하기

1️⃣ '곰믹스 프로' 프로그램을 실행시키고 **불러오기( )**를 클릭하여 '**액체괴물만들기.grp**'를 불러옵니다.

2️⃣ 재료 소개 부분의 영상을 빠르게 보여주기 위해 [미리보기] 영역에서 재생 위치를 '**00:00:12.00**'으로 지정하고 **동영상 자르기( )**를 클릭합니다.

3️⃣ [미리보기] 영역에서 재생 위치를 '**00:00:17.75**'로 지정하고 **동영상 자르기( )**를 클릭합니다.

4️⃣ **두 번째 미디어 클립**을 선택하고 **비디오 조정( )**을 클릭한 후 재생 속도를 '**4**'배속으로 지정한 다음 [적용] 버튼을 클릭합니다.

5️⃣ **첫 번째 미디어 클립**을 선택하고 **영상 페이드 인( )**을, **세 번째 미디어 클립**을 선택하고 **영상 페이드 아웃( )**을 클릭합니다.

▶ 텍스트 추가하기

[텍스트/이미지] 탭-[텍스트 추가(A+ 텍스트 추가)]를 클릭해 다음과 같이 텍스트를 추가합니다.

시작 시간	지속 시간	텍스트	텍스트 스타일
00:00:01.00	00:00:07.00	슬라임 만들기(폰트 크기 : 96)	A
00:00:01.00	00:00:07.00	말랑말랑(폰트 크기 : 72)	A
00:00:24.00	00:00:09.00	1. 컵에 물을 조금 따릅니다.	
00:00:37.00	00:00:06.00	2. 아이클레이를 컵에 넣습니다.	
00:00:44.00	00:00:05.00	3. 아이클레이를 잘 저어 녹여줍니다	
00:01:15.00	00:00:25.00	4. 다른 컵에 물과 물풀을 넣어주세요.	
00:01:44.00	00:00:09.00	5. 물과 풀을 잘 저어 섞어줍니다.	
00:01:57.00	00:00:47.00	6. 물풀 물을 아이클레이에 섞어 줍니다.	
00:02:45.00	00:00:17.00	7. 리뉴를 넣고 잘 섞어 줍니다.	
00:03:04.00	00:00:30.00	8. 소다를 넣고 잘 섞어 줍니다.	
00:03:35.00	00:00:25.00	걸쭉할 때까지 리뉴와 소다를 넣고 섞어줍니다.	
00:04:01.60	00:00:32.00	9. 치젤몬을 넣고 잘 섞어 줍니다.	
00:04:37.00	00:00:24.00	10. 추가로 젤몬을 넣고 잘 섞어 주세요.	
00:05:03.00	00:00:30.00	11. 이제 꺼내서 손반죽을 해줍니다.	
00:06:09.60	00:00:40.00	12. 쉐이빙폼을 넣고 잘 섞어 줍니다.	
00:07:20.47	00:00:26.00	13. 천사 점토를 넣고 잘 섞어 주세요.	
00:09:16.00	00:00:23.00	14. 투명 젤리괴물을 넣고 잘 섞어주세요.	

▶ 이미지 추가하기

[텍스트/이미지] 탭-[이미지 추가(🔲 이미지 추가)]를 클릭해 다음과 같이 이미지를 추가한 후 위치와 크기를 변경해 보세요.

시작 시간	지속 시간	이미지
00:00:01.00	00:00:07.00	로고.png(실습파일 폴더)
00:00:49.00	00:00:20.00	애니메이션 이미지 – 주목 03
00:06:51.00	00:00:29.00	애니메이션 이미지 – 번뜩임 21

▶ 효과음 추가하기

[미디어 소스] 탭-[배경/효과음 샘플]에서 지정한 시간에 효과음을 추가합니다.

시작 시간	효과음
00:00:03.00	거품01.mp3
00:00:05.00	거품02.mp3

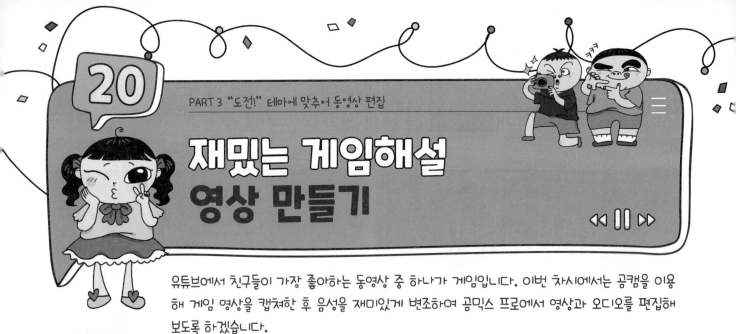

재밌는 게임해설 영상 만들기

유튜브에서 친구들이 가장 좋아하는 동영상 중 하나가 게임입니다. 이번 차시에서는 곰캠을 이용해 게임 영상을 캡쳐한 후 음성을 재미있게 변조하여 곰믹스 프로에서 영상과 오디오를 편집해 보도록 하겠습니다.

이번에 배울 내용

▶ 곰캠을 이용해 게임을 캡쳐할 수 있습니다.
▶ 보이스 체인저를 이용하여 음성을 변조할 수 있습니다.
▶ 곰믹스 프로에서 인트로 이미지를 만들 수 있습니다.

동영상 미리보기

곰캠을 이용해 게임 영상을 캡쳐하고 음성 변조 사이트에서 오디오 파일의 소리를 변조합니다. 곰믹스 프로에서 화면 전환 효과와 오버레이 효과를 이용해 인트로를 만들고 변조된 오디오를 추가해 게임 해설 영상을 완성합니다.

실습파일 : 게임해설.grp, 엔터 드래곤 부활.mp3   완성파일 : 게임해설(완성).grp

▷ 곰캠에서 게임 영상 캡쳐하기

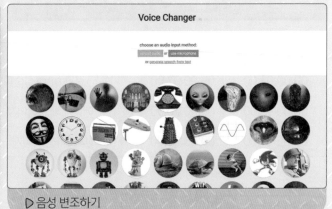

▷ 음성 변조하기

▷ 곰믹스 프로에서 이미지로 인트로 만들기

▷ 영상과 오디오 추가하여 게임영상 만들기

1 촬영 준비하기

▶ 콘텐츠 기획하기

콘텐츠 제목	
콘텐츠 시청자 대상	
콘텐츠 소개	
콘텐츠 내용	
다른 샘플 영상	
촬영 시 주의할 점	
촬영 시 준비물	

▶ 동영상 콘티 작성하기

촬영할 영상의 시간 순서대로 간략하게 그림과 글로 표현해 보세요.

2 게임 해설 영상 만들기

여러분이 좋아하는 게임을 **곰캠**으로 캡쳐해 보세요.

▶ 곰캠으로 영상 캡쳐하고 오디오 추출하기

1️⃣ 먼저 **마인크래프트**를 실행시키고 이어서 **곰캠**을 실행시킵니다. 마인크래프트 게임 화면을 녹화하기 위해 **[게임]**을 클릭합니다.

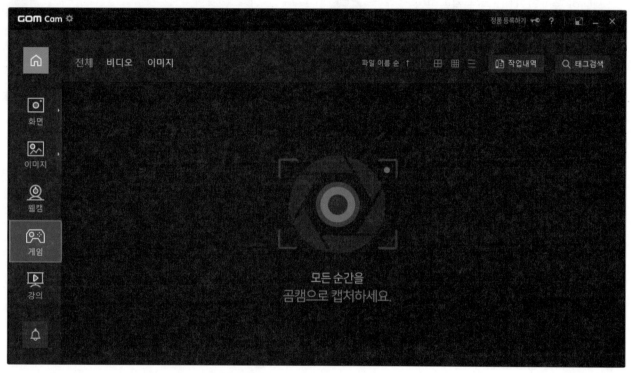

🔔 곰캠 무료 버전은 20분까지만 녹화할 수 있습니다.

2️⃣ 게임 녹화 창이 나타나면 마인크래프트 창을 클릭하여 선택하고 게임을 시작합니다. **녹화 시작(◉)**과 **녹화 종료** (◉)로 녹화한 후 **닫기(✕)**를 클릭합니다.

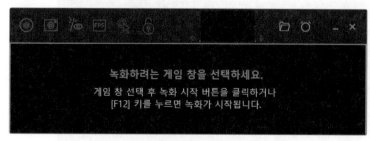

🔔 '게임'으로 녹화가 안 될 경우에는 '화면'을 선택하여 녹화합니다.

▶ 보이스 체인저에서 음성 변조하기

1 크롬 브라우저를 실행시키고 음성을 변조하는 사이트인 **보이스체인저(voicechanger.io)**로 이동합니다. 이어서 화면 상단의 **[upload audio]**를 클릭하고 [열기] 대화상자에서 '엔더 드래곤 부활' 파일을 선택한 후 [열기] 버튼을 클릭합니다.

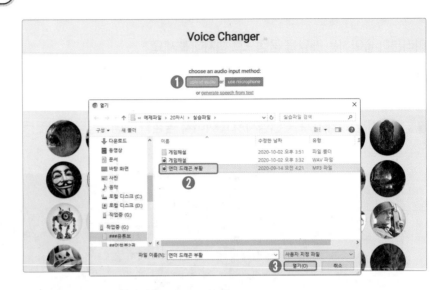

2 변조할 아이콘을 선택하면 변환이 되고 변조된 음성을 들을 수 있습니다. **⋮**를 클릭하고 **[다운로드]**를 클릭해 변조된 음성을 저장합니다.

▶ 게임 해설 영상 완성하기

1 '곰믹스 프로' 프로그램을 실행시키고 **불러오기(↩)**를 클릭하여 '**게임해설.grp**'를 불러옵니다.

2 인트로 이미지와 화면 전환을 자연스럽게 하기 위해 **두 번째 미디어 클립**을 선택하고 **[영상 전환] 탭-[회전]**을 선택한 후 [적용] 버튼을 클릭합니다.

140

③ 인트로에 제목을 입력하기 위해 **[텍스트/이미지] 탭-[텍스트 추가]**를 클릭하고 **"마인크래프트 던전스"**를 줄을 바꾸어 입력한 후 텍스트 스타일(**S** ▼)을 **A**로 지정합니다.

④ 나타내기를 **'서서히 나타내기'**로, 사라지기를 **'서서히 사라지기'**로 선택하고 글자 위치를 변경한 후 시작 시간(📷)을 **'00:00:01.00'**으로, 지속 시간(⏱)을 **'00:00:03.00'**으로 지정한 다음 **[적용]** 버튼을 클릭합니다.

⑤ 인트로 이미지에 반짝이는 효과를 지정하기 위해 **[오버레이 클립] 탭-[파티클]-[화려한 조명 01]**을 선택한 후 시작 시간(⏱)을 **'00:00:00.00'**으로, 지속 시간(⏱)을 **'00:00:05.00'**으로 지정하고 **[적용]** 버튼을 클릭합니다.

⑥ **[미디어 소스] 탭-[파일 추가]**를 클릭하여 변조한 음성 파일('다운로드' 폴더에 저장)을 추가합니다.

⑦ **[미리보기]** 영역에서 재생 위치를 **'00:00:05.00'**으로 지정한 후 오디오 트랙으로 파일을 드래그합니다.

택배언박싱 VLOG 영상 만들기

유튜브에 영상을 올리다보면 영상의 소재를 찾기 힘들 때가 있는데 이때는 VLOG를 올려 보세요. VLOG란 일상 생활을 영상으로 담아 보여주는 것으로 일상에서 일어나는 상황을 촬영해 재미있게 편집하면 좋은 콘텐츠가 됩니다.

이번에 배울 내용

▶ 영상을 캡쳐해 미리보기 이미지와 인트로를 만들 수 있습니다.

▶ 효과음을 추가해 재미있는 영상을 만들 수 있습니다.

▶ 이미지를 추가해 장면을 꾸밀 수 있습니다.

동영상 미리보기

택배 언박싱 영상 중 주제에 맞는 장면을 캡쳐해 텍스트와 이미지를 추가하여 유튜브의 미리보기 이미지로 만듭니다. 이미지와 효과음을 장면마다 추가해 재미있는 영상을 완성합니다.

실습파일 : 택배언박싱.grp   완성파일 : 택배언박싱(완성).grp

▷ 영상을 캡쳐해 이미지와 텍스트를 추가하여 미리보기 이미지 만들기

▷ 상황에 맞는 이미지와 효과음 추가하기

▷ 상황에 맞는 이미지와 효과음 추가하기

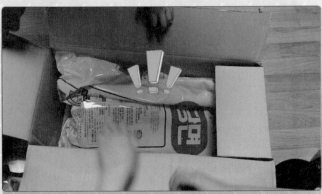

▷ 상황에 맞는 이미지와 효과음 추가하기

1 촬영 준비하기

▶ 콘텐츠 기획하기

콘텐츠 제목	
콘텐츠 시청자 대상	
콘텐츠 소개	
콘텐츠 내용	
다른 샘플 영상	
촬영 시 주의할 점	
촬영 시 준비물	

▶ **동영상 콘티 작성하기**

촬영할 영상의 시간 순서대로 간략하게 그림과 글로 표현해 보세요.

2 택배 언박싱 영상 만들기

여러분이 촬영한 동영상이 있다면 곰믹스 프로를 활용해 직접 편집해 보세요.

▷ 영상 캡쳐해 미리보기 이미지 만들기

1 '곰믹스 프로' 프로그램을 실행시키고 **불러오기(⤶)**를 클릭하여 **'택배언박싱.grp'**를 불러온 후 [미리보기] 영역에서 재생 위치를 **'00:00:35.72'**로 지정합니다.

2 **[미디어 소스] 탭**을 선택하고 **캡쳐(⬛)**를 클릭한 후 미디어 소스 목록에서 드래그하여 타임라인 앞쪽에 이미지를 추가하고 이미지의 지속 시간을 **'00:00:05.00'**으로 변경합니다.

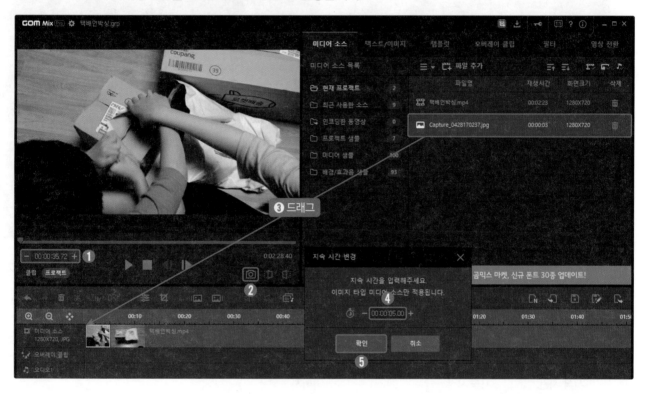

▶ 텍스트와 이미지로 인트로 만들기

1️⃣ [텍스트/이미지] 탭-[텍스트 추가(A+ 텍스트 추가)]를 클릭해 텍스트를 추가한 후 위치와 크기를 변경해 보세요.

2️⃣ [텍스트/이미지] 탭-[이미지 추가(🖼+ 이미지 추가)]를 클릭해 이미지를 추가한 후 위치와 크기를 변경해 보세요.

시작 시간	지속 시간	텍스트	텍스트 스타일	폰트 크기	나타내기
00:00:01.00	00:00:03.00	엄마몰래 풀어보는 택배 언박싱 VLOG	A	60	닦아내기
00:00:01.00	00:00:03.00	목숨걸고 언박싱하기	A	96	닦아내기

시작 시간	지속 시간	이미지
00:00:01.00	00:00:03.00	애니메이션 이미지 – 애니 캡션 02

▶ 효과음과 이미지로 재미있는 장면 만들기

1️⃣ [미디어 소스] 탭-[배경/효과음 샘플]에서 효과음을 추가합니다.

2️⃣ [텍스트/이미지] 탭-[이미지 추가(🖼️ 이미지 추가)]를 클릭해 이미지를 추가한 후 위치와 크기를 변경해 보세요.

시작 시간	효과음
00:00:44.00	카툰_놀란 눈02.mp3
00:01:02.46	카툰_웃음01.mp3
00:01:43.43	폭죽.mp3

시작 시간	지속 시간	이미지
00:00:10.00	00:00:03.05	애니메이션 이미지 – 느낌표 01
00:00:44.00	00:00:03.00	애니메이션 이미지 – 주목 02
00:01:02.46	00:00:03.00	애니메이션 이미지 – 폭발
00:01:43.43	00:00:03.00	애니메이션 이미지 – 느낌표 04

3️⃣ 첫 번째 미디어 클립을 선택하고 영상 페이드 인(🖼️)을, 두 번째 미디어 클립을 선택하고 영상 페이드 아웃 (🖼️)을 클릭합니다.

맛있는 먹방ASMR 영상 만들기

유튜브에서 인기 있는 영상 중 하나가 먹방입니다. 먹방은 음식을 많이 먹거나 맛있게 먹는 것을 촬영해 편집할 수도 있지만 먹는 소리를 들려주는 ASMR도 인기가 많습니다. 이번 차시에서는 먹방 ASMR을 편집하는 방법에 대해 알아보도록 하겠습니다.

이번에 배울 내용

▶ 필터를 이용해 모자이크 처리를 할 수 있습니다.
▶ 이미지를 이용해 재미있는 장면을 만들 수 있습니다.
▶ 오버레이 클립 효과와 화면 크롭을 이용해 영상을 확대하거나 축소할 수 있습니다.

동영상 미리보기

스토리에 맞게 상품을 감추기 위해 필터의 모자이크로 처리하고 재밌는 설명과 함께 이미지를 추가해 재미있는 장면을 만듭니다. 오버레이 클립과 화면 크롭을 이용해 화면을 확대했다가 전체화면으로 축소합니다.

실습파일 : 먹방ASMR.grp   완성파일 : 먹방ASMR(완성).grp

▷ 필터를 이용해 모자이크 처리하기

▷ 이미지를 추가해 재미있는 장면 만들기

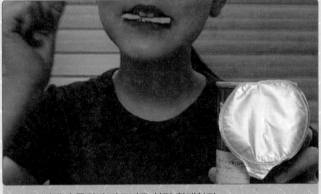
▷ 오버레이 클립과 자르기로 화면 확대하기

▷ 오버레이 클립으로 화면 축소하기

1 촬영 준비하기

▶ 콘텐츠 기획하기

콘텐츠 제목	
콘텐츠 시청자 대상	
콘텐츠 소개	
콘텐츠 내용	
다른 샘플 영상	
촬영 시 주의할 점	
촬영 시 준비물	

▶ 동영상 콘티 작성하기

촬영할 영상의 시간 순서대로 간략하게 그림과 글로 표현해 보세요.

2 먹방ASMR 영상 만들기

여러분이 촬영한 동영상이 있다면 곰믹스 프로를 활용해 직접 편집해 보세요.

▶ 영상 자르고 필터 적용하기

1 **동영상 자르기(✂)를** 클릭해 영상을 자릅니다.
   · 자를 시간 : 00:00:23.50, 00:00:35.20, 00:00:59.36, 00:01:02.40, 00:03:00.00

2 **첫 번째 영상 클립**을 선택하고 **[필터] 탭-[질감형]-[모자이크]**를 선택한 후 **[적용]** 버튼을 클릭합니다.

▶ 텍스트와 이미지 추가하고 영상 전환 효과 적용하기

1 **[텍스트/이미지] 탭-[텍스트 추가(A+ 텍스트 추가)]**를 클릭해 텍스트를 추가한 후 위치와 크기를 변경해 보세요.

2 **[텍스트/이미지] 탭-[이미지 추가(□+ 이미지 추가)]**를 클릭해 이미지를 추가한 후 위치와 크기를 변경해 보세요.

시작 시간	지속 시간	텍스트	텍스트 스타일	폰트 크기	나타내기	사라지기
00:00:00.00	00:00:05.00	감자칩 ASMR	A	128	서서히 커지면서 나타나기	서서히 작아지며 사라지기

시작 시간	지속 시간	이미지
00:00:23.50	00:00:03.00	애니메이션 이미지 - ㅋㅋㅋ

3 세 번째 영상 클립을 선택하고 [영상 전환] 탭-[왼쪽으로 연하게 닦아내기]를 선택한 후 [적용] 버튼을 클릭합니다.

▶ 오버레이 클립 효과 지정하고 화면 크롭하기

1 [오버레이 클립] 탭-[이동 및 확대/축소]-[전체 화면 → 위로 클로즈업]을 선택한 후 시작 시간(⏱)을 '00:00: 59.40'으로, 지속 시간(📷)을 '00:00:03.00'으로 지정하고 [적용] 버튼을 클릭합니다.

2 **다섯 번째 영상 클립**을 선택하고 **화면 크롭(🔲)**을 클릭하여 자를 영역을 지정한 후 [적용] 버튼을 클릭합니다.

3 **[오버레이 클립] 탭-[이동 및 확대/축소]-[위로 클로즈업 → 전체 화면]**을 선택한 후 시작 시간(🔘)을 '00:03: 00.00'으로, 지속 시간(🔘)을 '00:00:06.40'으로 지정하고 [적용] 버튼을 클릭합니다.

음료 광고 영상 만들기

TV 프로그램 시청 시 중간에 짧게 나오는 광고 영상을 볼 수 있지요. TV 광고 영상은 정해진 시간 (평균 30초) 내에 홍보하려는 것을 효과적으로 전달하는 것이 중요하답니다. 자, 그럼 오늘은 30초 짜리 음료 광고 영상을 만들어 볼까요?

이번에 배울 내용

▶ 동영상 자르기와 재생 속도 변경 기능으로 30초 내외의 영상을 만들 수 있습니다.
▶ 이미지를 추가하여 인트로 작업과 로고 표시를 할 수 있습니다.
▶ 상황에 알맞은 자막을 추가할 수 있습니다.

동영상 미리보기

제공되는 이미지를 이용하여 인트로를 작업한 다음 영상이 끝날 때까지 제품의 로고를 표시 합니다. 30초 내외의 광고 영상을 만들기 위해 자르기 기능과 재생 속도를 변경하고, 편집된 영상에 적당한 자막과 효과음을 추가합니다.

실습파일 : 음료광고.grp, 음료_이미지.png, 음료_로고.png   완성파일 : 음료광고(완성).grp

▷ 미디어 소스와 이미지 추가 기능으로 인트로 만들기

▷ 이미지 추가 기능으로 로고 표시하기

▷ 상황에 알맞은 자막 추가하기

1 촬영 준비하기

▶ 콘텐츠 기획하기

콘텐츠 제목	
콘텐츠 시청자 대상	
콘텐츠 소개	
콘텐츠 내용	
다른 샘플 영상	
촬영 시 주의할 점	
촬영 시 준비물	

▶ 동영상 콘티 작성하기

촬영할 영상의 시간 순서대로 간략하게 그림과 글로 표현해 보세요.

2 음료 광고 영상 만들기

여러분이 촬영한 동영상이 있다면 곰믹스 프로를 활용해 직접 편집해 보세요.

▶ **영상 자르고 필터 적용하기**

1️⃣ '곰믹스 프로' 프로그램을 실행시키고 불러오기(🔄)를 클릭하여 '**음료광고.grp**'를 불러옵니다.

2️⃣ 동영상 자르기(✂)를 클릭해 영상을 자릅니다.
 · 자를 시간 : 00:00:09.50, 00:00:13.60, 00:00:25.50, 00:00:29.75, 00:00:38.00, 00:00:47.40

3️⃣ 첫 번째 미디어 클립을 선택하고 비디오 조정(🎬)을 클릭하여 속도를 '**2.5**' 배속으로 지정합니다.

4️⃣ 동일한 방법으로 세 번째, 여섯 번째 미디어 클립의 속도를 '**2.5**' 배속으로 지정합니다.

5️⃣ 마지막 미디어 클립은 삭제합니다.

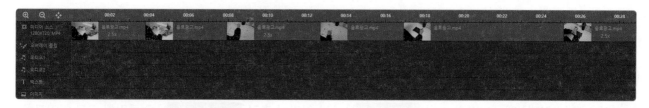

▶ **이미지를 추가하여 인트로를 완성하기**

1️⃣ [미디어 소스] 탭-[미디어 샘플]-[기본 샘플]에서 원하는 이미지를 선택하여 영상 맨 앞쪽에 2초동안 재생되도록
위치시킵니다.

2 [텍스트/이미지] 탭-[이미지 추가(🖼 이미지 추가)]-[새 이미지 추가(🖼 새 이미지 추가)]를 클릭해 인트로 이미지를 추가한 후 위치와 크기를 변경해 보세요.

🔔 해당 차시 폴더 내에 '음료_이미지.png' 파일을 불러와 작업합니다.

시작 시간	지속 시간	나타내기 효과는
00:00:00.00	00:00:02.00	자유롭게 지정해

▶ **이미지를 추가하여 영상에 로고 표시하기**

1 [텍스트/이미지] 탭-[이미지 추가(🖼 이미지 추가)]-[새 이미지 추가(🖼 새 이미지 추가)]를 클릭해 로고 이미지를 추가한 후 위치와 크기를 변경해 보세요. 영상이 끝날 때까지 로고 이미지가 재생되도록 합니다.

🔔 해당 차시 폴더 내에 '음료_로고.png' 파일을 불러와 작업합니다.

시작 시간	지속 시간
00:00:02.01	00:00:28.92

▷ 동영상에 효과음을 추가하기

1 [미디어 소스] 탭-[배경/효과음 샘플]-[효과음]에서 효과음을 추가합니다.

🔔 동영상이 시작할 때와 음료수 병이 등장할 때마다 '거품02.mp3' 효과음을 추가했습니다.

시작 시간	효과음
00:00:00.00	거품02.mp3
00:00:07.80	거품02.mp3
00:00:17.00	거품02.mp3
00:00:23.50	거품02.mp3
00:00:29.79	카툰_망치.mp3

▷ 동영상에 자막을 추가하기

1 [텍스트/이미지] 탭-[텍스트 추가(A+ 텍스트 추가)]를 클릭해 자막을 추가한 후 위치와 크기를 변경해 보세요.

시작 시간	지속 시간	텍스트	
00:00:08.34	00:00:01.55	과자를 먹다가 모구모구!	폰트 모양, 텍스트 스타일, 폰트 크기, 나타내기 효과는 자유롭게 지정해 보세요!
00:00:17.50	00:00:01.42	문제가 풀리지 않을 때도 역시 모구모구!	
00:00:24.00	00:00:01.40	심심할 때 맛있는 모구모구!	
00:00:27.00	00:00:02.00	모구모구 병뚜껑에 낙서하기 꿀잼!	

과자 광고 영상 만들기

이전 시간에서는 TV 광고 시간에 맞추어 음료 광고를 작업해 보았어요. 재미난 효과음과 자막을 중심으로 편집을 했다면, 이번 시간에는 배경 음악과 템플릿을 넣어 광고 영상을 완성해 보도록 할게요. 지금까지 배웠던 기능을 잘 기억하면서 만들어 보세요.

이번에 배울 내용

▶ 동영상의 재생 속도를 변경하여 30초 내외의 영상을 만들 수 있습니다.
▶ 배경음악을 추가한 다음 영상과 어울리도록 편집할 수 있습니다.
▶ 곰믹스 프로에서 주어지는 템플릿으로 타이틀과 자막을 설정할 수 있습니다.

동영상 미리보기

30초 내외의 광고 영상을 만들기 위해 각 영상의 재생 속도를 변경한 다음 배경 음악을 추가하여 음량을 조절하고 페이드 인/페이드 아웃 효과를 지정합니다. 곰믹스 프로에서 제공되는 템플릿을 이용해 타이틀을 만들고, 상황에 알맞은 자막을 추가해 광고 영상을 완성합니다.

실습파일 : 과자광고.grp, Walking.mp3   완성파일 : 과자광고(완성).grp

▷ 제공되는 템플릿을 이용하여 타이틀 완성하기

▷ 템플릿을 이용하여 자막 넣기

▷ 템플릿을 이용하여 자막 넣기

▷ 제공되는 미디어 소스와 템플릿으로 아웃트로 만들기

1 촬영 준비하기

▶ 콘텐츠 기획하기

콘텐츠 제목	
콘텐츠 시청자 대상	
콘텐츠 소개	
콘텐츠 내용	
다른 샘플 영상	
촬영 시 주의할 점	
촬영 시 준비물	

▶ 동영상 콘티 작성하기

촬영할 영상의 시간 순서대로 간략하게 그림과 글로 표현해 보세요.

2 과자 광고 영상 만들기

여러분이 촬영한 동영상이 있다면 곰믹스 프로를 활용해 직접 편집해 보세요.

▶ **영상 배속 설정 및 미디어 샘플 추가하기**

[1] '곰믹스 프로' 프로그램을 실행시키고 불러오기(⬛)를 클릭하여 '**과자광고.grp**'를 불러옵니다.

[2] 세 번째 미디어 클립을 선택하고 비디오 조정(⬛)을 클릭하여 속도를 '**1.7**' 배속으로 지정합니다.

[3] 동일한 방법으로 다섯 번째, 일곱 번째 미디어 클립의 속도를 '**1.7**' 배속으로 지정합니다.

[4] [미디어 소스] 탭-[미디어 샘플]-[기본 샘플]에서 원하는 이미지를 선택하여 영상 맨 뒤쪽에 3초동안 재생되도록 위치시킵니다.

▶ **배경 음악 추가하고 편집하기**

[1] [미디어 소스] 탭-[현재 프로젝트]-[파일 추가(⬛ 파일 추가)]를 클릭한 후 '**Walking.mp3**' 파일을 불러옵니다.

[2] 전체 미디어 소스 길이에 맞추어 오디오 길이를 조절합니다.

③ 음악 파일을 편집하기 위해 **[선택된 오디오 편집( )]-[편집]**을 클릭합니다.

④ **[음량 조절( )]**을 클릭하여 '**10**'으로 낮추고, 페이드 인( ) 및 페이드 아웃( )을 지정합니다.

▶ 템플릿을 이용하여 자막 지정하기

① 재생 위치 시간을 '**00:00:00.00**'으로 지정한 다음 **[템플릿] 탭-[타이틀/자막]**을 클릭하여 '**제목 10**'을 선택합니다.

② 표시된 텍스트 클립을 더블 클릭하여 '**꼬깔콘 맛있게 먹는 방법**'으로 내용을 수정하고 폰트 크기를 적당하게 조절합니다.

3 첫 번째 미디어 클립 끝에 맞추어 텍스트와 이미지 재생 시간을 조절합니다.

4 동일한 방법으로 [템플릿] 탭-[타이틀/자막]을 이용하여 자막을 완성해 봅니다.

템플릿	메인 타이틀	시작 시간 / 지속 시간	서브 타이틀	시작 시간 / 지속 시간
제목 03	방법 1	00:00:03.50 / 00:00:03.50	손가락에 끼워서 먹기	00:00:04.15 / 00:00:03.50
제목 03	방법 2	00:00:14.30 / 00:00:03.50	휘핑크림 올려 먹기	00:00:15.30 / 00:00:03.50
제목 03	방법 3	00:00:25.30 / 00:00:03.49	아이스크림 넣어 먹기	00:00:26.30 / 00:00:03.50
제목 21	고깔콘 한봉지 어때요	00:00:34.10 / 00:00:02.89	시작 시간과 지속 시간이 정확하게 맞지 않을 경우 여러분이 원하는 시간으로 맞추세요. 예 : 시작 시간(00:00:25.30) → 시작 시간(00:00:25.28) 종료 시간(00:00:03.49) → 종료 시간(00:00:03.51)	

🔔 메인 타이틀과 서브 타이틀 선택 방법

[타이틀/자막]을 추가한 다음 메인 타이틀과 서브 타이틀을 쉽게 선택하는 방법입니다.

❶ [텍스트/이미지] 탭의 [텍스트] 목록에서 찾기

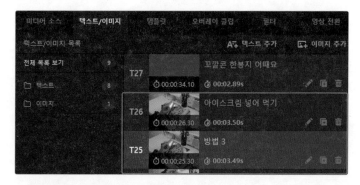

❷ [타임라인]-[텍스트]에서 마우스 오른쪽 버튼을 눌러 선택하기

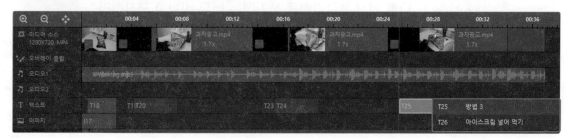

GOM Mix Pro

안녕 지민아
너 혹시 곰믹스 프로 알고있니?

응! 영상편집하는 프로그램
말하는거 아니야?

오 너는 알고있구나.
나는 오늘 방과후 수업하면서
처음 알게됐는데..

그래? 나는 크리에이터가 꿈이라서
이것저것 동영상 편집 프로그램을 찾아보다가
곰믹스 프로를 선택하게 됐어

혹시 왜 곰믹스 프로를 선택하게
됐는지 이유를 물어봐도 될까?

다른 외산 프로그램을 쓰기에는 너무 비싸고 국산이라
믿을 수 있어서 나는 곰믹스 프로를 구매했어!
지금 프로모션도 진행 하는 것으로 알고 있는데,
너도 방과 후 수업 한 내용 집에서 복습하려면
곰믹스 프로를 구매하는 것을 추천해!

다음장에 계속…

학교에서도!

곰믹스 프로로
영상 편집하자!

집에서도!

오직 선생님과 방과후 수업 참여 학생들을 위한

30% 할인쿠폰혜택!

30% 할인

COUPON

쿠폰 코드

PROFORDIAT

이벤트 기간 : 2023.05.01 ~ 2024.04.30

쿠폰 사용 방법

 ▶  ▶

곰랩(gomlab.com)
홈페이지 로그인

제품 선택 후
결제 단계로 이동

결제 단계에서
쿠폰번호 입력 후 적용

문의 : gomsales@gomcorp.com

MEMO